歴史文化ライブラリー
247

# 日米決戦下の格差と平等

## 銃後信州の食糧・疎開

板垣邦子

# 目次

# 1　決戦下の格差問題——プロローグ

## 都市と農村の距離

昭和十九年六月、大日本婦人会（日婦）長野県支部は、各町村支部へ、純綿の布きれ一尺（約三〇チセン）四方以上の献納運動を指示した。県の施設へ寝具を贈るためであった。これに対し埴科《はにしな》郡町村長会の席上、「農村の実情を無視したもの」で、「農村の反感を買ふ恐れがある」との反対意見が出されたという。「農村は除外して市街地だけの運動に取り上げてはどうか」と、日婦県支部へ再考を促している（『信濃毎日新聞』六月二十三日付）。

家計が苦しい中で、農家の衣服費支出は長い間切り詰められてきており、手持品もなかった。消耗の激しい作業衣の修理用小ぎれ、特に綿布の不足に困り抜いて、配給を切望している事情だったからである。現在からみればハンカチーフ一枚ほどの綿布であるが、それが問題化するまでに、農村一般の衣料事情が逼迫《ひっぱく》していた。農村と都市、それも近接した地方都市との間であっても、衣生活における格差が形成されてきていた。また、衣料切符制が実施された昭和十七年、翌十八年とも、郡部は都市部の五分の四の点数配分であった。上記の献納運動に際して、衣料切符制への不満が農村側にあったとも思われる。一尺四方程度ならと考えた日婦幹部の都市名流夫人たちは、そうした事情を認識していなかった。生活感覚、生活意識の面でも、都市と農村は遠く隔たっていたのである。

## 衣服にみる格差

また、当時の地方新聞紙上にしばしば登場する用語でいえば、「中流以上」階層（地方指導者層であった）、すなわち上流・中流以上と大多数の貧しい大衆との経済格差は大きかった。衣生活の質と量は、経済力に比例していた。さらに、衣生活における性差も指摘しておきたい。着物は女性の財産の重要部分であり、女性の衣生活には家庭内での地位、労働や生活のあり方が投影されていた。階層差、地域差、性差において最下位に位置する多数農村女性の衣生活は、貧しく不自由なものであった。家と田畑を往復する生活が多い主婦の場合、冠婚葬祭用の礼服は備えていたとしても、ふだん着は切り詰められていた。新調の順番は、外出機会の多い男性よりも後回しにされた。家計管理権を持たない主婦が、自分用の衣類を自由に購入することはできなかった。野良仕事優先で、針を持てる時間は短かった。おしゃれは抑制され、身繕いに気を配る時間的余裕も欠けていた。

昭和十九年春以降、大都市からの疎開者が農村地帯でも見かけられるようになっていった。大都市「中流以上」家庭の女性が、多数農村女性の生活圏に入ったとき、身なりの差は歴然としていた。女性疎開者の身なりは、羨望《せんぼう》、嫉妬《しっと》を込め、類型化されて語られがちであった。編み込んだ髪型、あるいはネットでまとめた髪型、化粧、「白い手」、そして「銘仙《めいせん》のモンペ」。同じモンペでも農村女性のは黒っぽい縞木綿《しまもめん》かせいぜい紺絣《こんがすり》で、長着をそのまま包み込むため、腰回りが大きく膨《ふく》らんでいた。それに比べ、絹地で色も柄も鮮やかな銘仙のモンペに、裾《すそ》を詰めて二部式に改良した上衣とを合わせて、すっきり着こなす都市女性。銘仙は、大都市「中流以上」女性にはふだん着であったが、農村女性にとってはおしゃれ着であった。実際には一部にすぎなかったとしても、その一部女性疎開者のイメージが拡大されて、地方人の目に焼き付けられるのであった。

以上、衣生活面に例をとったが、昭和戦前期の社会において、上・中流階層と大衆、都市と農村、男性と女性の間には、生活や生活意識の面で大きな格差が存在していたことを確認しておきたい。

## 銃後の生活

本書で取り上げるのは、当時は「大東亜戦争」、戦後は「太平洋戦争」、最近は「アジア・太平洋戦争」と呼ばれる戦争下と、戦後の四ヵ月余りである。当時の新聞紙上では、戦争を指して「決戦」といい、その社会を「決戦下」と称することが多かった。中国大陸における戦闘が日々報道されていたが、決戦の相手はもっぱらアメリカ合衆国、次にかなり差があって英国が意識されていた。

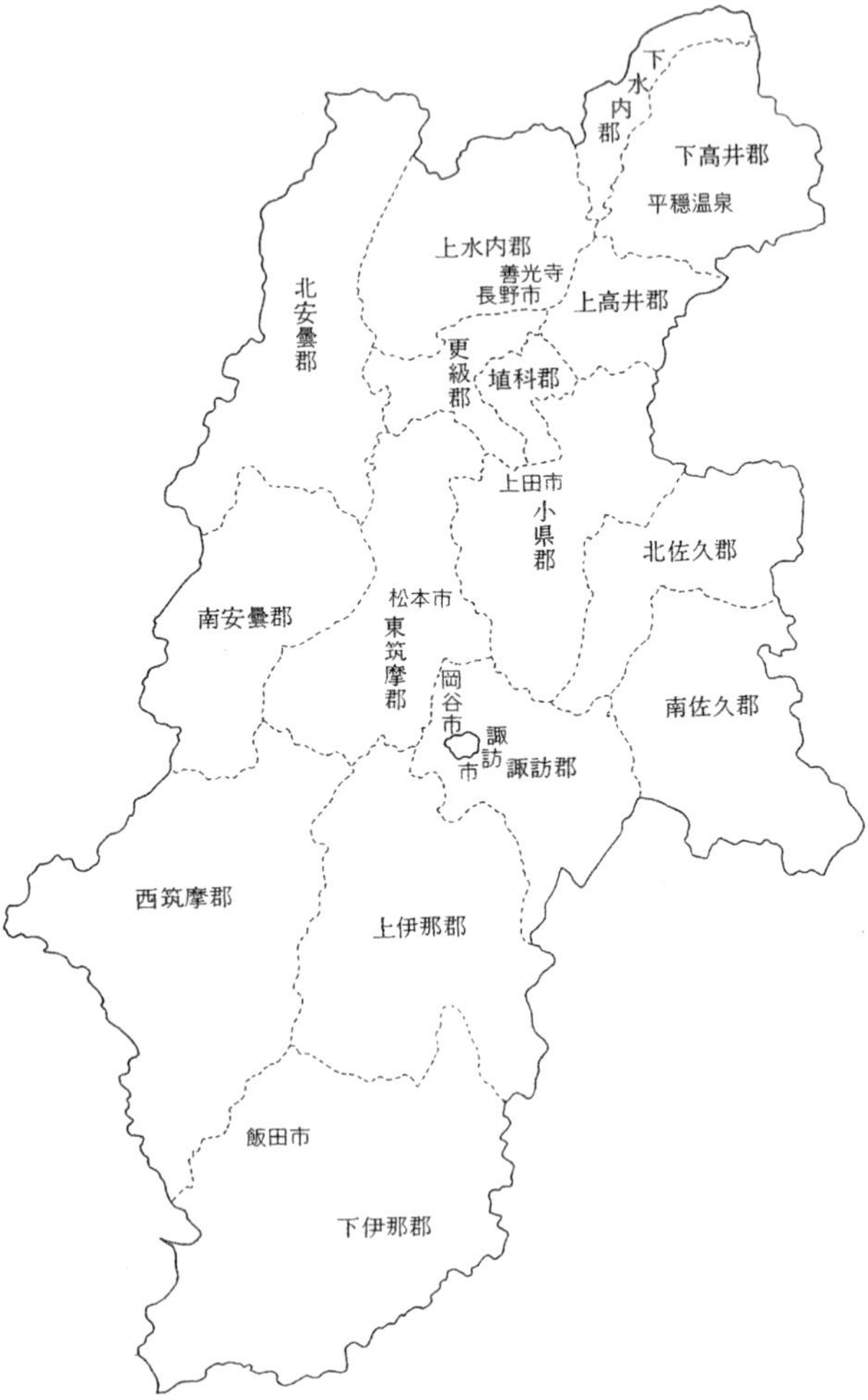


図１　長野県略図

「決戦下」の銃後《じゅうご》を担った地方社会の動向について、長野県を舞台に、新聞各紙を史料として描いていきたい。食糧を削られ、冬の寒さに震え、空襲の恐怖におびえる地方都市。食糧不足とともに比重を増し、敗戦直後の食糧危機を背景に農地改革へと進む農村の日々をたどりつつ、戦争という荷重によって激化した地方社会内部の軋轢《あつれき》、中央大都市や疎開者との反目などについて触れてみたい。総力戦の重圧は、一部の人々に「革命」を危惧させるほどの社会変革をもたらした。本書では様々な場面に表れた階層対立、地域対立と、その平等や均衡が強く要求され、その方向へと歩みを進めた諸相を紹介したい。性差の問題に関しては別稿があるので、それを参照していただきたい（『軍国の女たち』）。

史料の関係で一地方社会の定点観測になったが、その基本的動向は全国と異なるものではないと考えられる。また、地方社会のあり方の中に、日本社会全体が抱えている問題の原型が、直接的、具体的にその姿を見せているものなのである。ただ、当時の野菜や魚介類の需給関係、諸物資の配給状況については地方によって差があり、その差が拡大していたと思われる。もちろん、空襲被害には大きな差があった。従来、食糧、疎開、空襲被害についても、大都市側の視点で語られることが多かった。それを補足・修正し、客観化するためにも、地方の側から描く意義はあろうと考えるのである。

# 決戦下の食糧事情

# 食糧と燃料――昭和十八年まで

## 農村の食生活

昭和十八年二月、長野県農会が農村婦人部落指導員を集め、各地で共同炊事と託児所開設のための講習会を行った。その際配布された、『必勝態勢《たいせい》農村婦人幹部養成講習要綱』という小冊子が筆者の手元にある。この小冊子の付録に、春、夏、秋の農繁期共同炊事用として、朝、昼、夕の二七食分の献立例が載っている。献立は御飯、味噌汁、野菜類の副食が基本となっている。これに各家で漬物が付け足されるはずであった。御飯は五分搗米《ごぶづきまい》を一人一食一合二勺、すなわち炊き上がり茶碗三杯の量である。ふだん、麦を混ぜる家が多かったと思われるが、ここで米のみになっているのは農繁期のごちそうという意味がある。味噌汁は一人分の味噌が八匁（三〇㌘）であるから、二杯分である。汁の実の量をみると、実だくさんの味噌汁である。御飯三杯と味噌汁二杯、

壹　一日目分量一人分

| 献立 | 材料名 | 分量 | 作り方 |
|---|---|---|---|
| 朝食 | | | |
| 大豆飯 | 五分搗米 | 一合二勺 | 大豆は一夜水につけて油炒にする。油揚は細に切り醤油で薄味をつける、大根葉は小口切にする。準備の材料を米にまぜ醤油位にて味をつけ普通飯にたきます。 |
| | 大根葉 | 五瓦 | |
| | 油揚 | 八瓦 | |
| | 大豆 | 二瓦 | |
| 味噌汁 | 馬鈴薯 | 二〇瓦 | 馬鈴薯は一個を四つ割に大根は銀杏に切つておく、鍋に（一人一合五勺）の水を入れ大根、馬鈴薯をいれ柔かくなつたとき味噌を入れ煮あげます。 |
| | 大根 | 一〇瓦 | |
| | 味噌 | 八瓦 | |
| | 煮干 | 〇、八瓦 | |
| 蕗の佃煮 | 蕗の葉 | 三瓦 | 細かく刻んでざつと茹でこぼし砂糖少しと醤油でからく汁のなくなるまで煮詰めます。 |
| | 醤油 | 少量 | |
| 晝食 | | | |
| 飯 | 五分搗米 | 一合二勺 | 炊法　米はごみを洗ひ流す程度にして水加減をしてたきあげます。 |
| 干鰊煮付 | 午蒡 | 二〇瓦 | 前述の通り |
| | 胡蘿蔔 | 四瓦 | 午蒡人参はさゝがき、昆布はせんにきり干鰊は水につけそれ〳〵細かにきり油でいためて後で味をつけます。 |
| | 昆布 | 二瓦 | |
| | 油 | 一瓦 | |
| | 鰊 | 五瓦 | |
| | 醤油 | 一勺 | |
| | 砂糖 | 一瓦 | |
| 夕食 | | | |
| 飯 | 五分搗米 | 一合二勺 | |
| 味噌汁 | 馬鈴薯 | 二〇瓦 | 馬鈴薯は[illegible]切、玉葱、油揚はせん切りにして、馬鈴薯を先に煮て後玉葱、油揚をいれて煮ます。 |
| | 玉葱 | 一〇瓦 | |
| | 油揚 | 八瓦 | |
| | 味噌 | 八瓦 | |
| | 煮干 | 〇、八瓦 | |
| おひたし | 青菜 | 二〇瓦 | 多い目の湯の煮立つた中で青菜をゆでて後ざるにあげてさましてきざに切つて醤油をかけます。 |
| | 醤油 | 少量 | |
| 二日目　朝食 | | | |
| 飯 | 五分搗米 | 一合二勺 | |
| 味噌汁 | さえんどう | 十五瓦 | 前法の通り |
| | 若布 | 一瓦 | |
| | 麩 | 一瓦 | |
| | 味噌 | 八瓦 | |
| | 煮干 | 〇、八瓦 | |

図２　『必勝態勢農村婦人幹部養成講習要綱』31，32頁

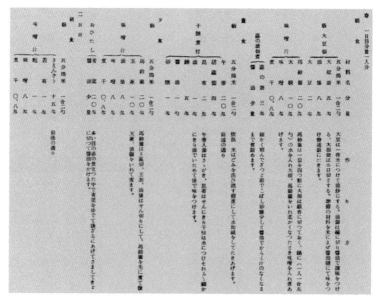

これに季節の野菜の煮物または和《あ》え物という献立が大半で、天ぷらが出されるのは二七例中二例である。魚が供される日は少なく、その量も一人分鰊《にしん》五匁（一八・七五グラム）、またはかます干四匁（一五グラム）、または干鰯《いわし》二〇匁（七五グラム）と少量である。肉、卵の使用は一例もなく、カレー献立もあるが、全くの野菜カレーである。蛋白《たんぱく》食品として大豆や大豆製品（豆腐、油揚、卯《う》の花《はな》、きなこ）、いなごやいなごの粉、煮干、煮干粉を組み込んでいるあたりに、献立作製者の苦心がうかがえる。ごまを使ったり、煮物でも材料を油でいためてから煮るような工夫も、できるだけ油分を摂取させようとの配慮である。以上が激しい肉体労働が続く農繁期用で、しかもこれは農村の食生活事情を踏まえて最大限工夫された献立例なのである。ふだんは魚などの海産物や、油、大豆製品が、これよりずっと少ないのである。使用する野菜の種類も少なく、同じ品を何日も続けるという内容であった。

　昭和十年代の農家の家計費は、約半分が飲食費で占められていた。また、その家計費の半分近くが現物で支出され、飲食費は現物支出の度合いが高かった。農家のふだんの食生活は、大部分が自家生産物の米・麦・野菜を用いて営まれていた。農家の家計費において、階層間格差の大きい費目は教育費、修養費、娯楽費、冠婚葬祭費などであるのに対し、飲食費は格差がもっとも小さい費目であった（板垣論文）。つまり、冠婚葬祭時を除いた日常の食膳には、村のどの家でも同じようなものが供されていたのである。食生活に関して、肉や魚を入手しやすい都市家庭と農村との格差が開いていた。

右の献立例と対照的なのが、大日本婦人会長野県支部が配布したという「保健食」の一文であった。農村はもちろん、都市の一般家庭でもこの頃は到底望めない内容で、記者の厳しい批判を浴びている。

最近大日本婦人会長野県支部が、一部三銭で県下の家庭に「戦争に勝つための保健食を励行せよ」と銘打つて配布したビラは、食品を蛋白質、含水炭素、灰分子《かいぶんし》、ヴィタミンに分けて、これ等の食品を欠かしてはならぬと説き、「この四つを揃へた食物が保健食です」と説明を加へて、蛋白質は大豆、味噌はい丶として豆腐、鰌《どじょう》、鶏卵、兎肉、豚、牛肉、蜂の子と並べ立て、灰分子は小魚、海老、海苔、ヴィタミンは卵黄、バター、山羊乳等かくの如き品々を書き列《つら》ねて、いはゆる保健食の励行を強調してゐる。これ等は指導が県民生活の実体に触れず空回転してゐることを暴露した最も代表的なもので、お台所を女中に委せた奥様連の栄養理論で、心ある人々をして唖然たらしめずにはおかなかつた（毎日一九・三・一三）。

大日本婦人会県支部の幹部には、名流夫人が推されていた。食生活における都市上層家庭、都市一般家庭、そして農村との格差は大きかった。

なお、菓子はぜいたく品で、農家のおやつは自給品がほとんどの時代であった。そのため、配給される菓子の価格が高すぎるので、農家にはその分を砂糖で配給してほしいという要望が出されていた（朝日一七・六・一〇）。昭和十九年春以降、菓子の配給は九歳以下の幼児と労働者へ一人当たり月五〇匁に限られて、一般人向けはなくなり、嗜好品ではなく食糧扱いとなり、また甘味のない菓子となっていった（毎日一九・二・二〇、信毎一九・四・七）。

## 味噌と漬物

農家では春先に味噌作りが行われていた。昭和十七年、上田・小県《ちいさがた》地方ではこの時期を控えて、材料の塩の僅少に悩まされているとある。「都会地の様に魚類や牛馬肉其の他の副食物が自由に手に入らないと言ふ関係から」、および「農村民は其の労働力の関係から少くとも〝一食二杯〟位の味噌汁を必要とし」ているのに「之《こ》れでは一日三杯位の味噌汁しか吸へない」という（信毎一七・四・一四）。

晩秋は漬物を仕込む時期であり、早めの塩の配給が要望されていた。

信州の冬は長い。十二月から五月頃までは殆《ほとん》ど野菜がつくれない。春おそくなつて菜類が雪の下から生ひ立つだけで、あとは秋のうちに仕舞ひ込むねぎ、生大根、かけ菜、馬鈴薯《ばれいしょ》、ごぼう、人参などでしのぐのである。戦争前は初冬及び初春には愛知、静岡方面の暖地から野菜が送り込まれて、約半歳の野菜の作れない期間を二ケ月間位に救援短縮してくれたものだつたが、此冬はその望みも難しいのみならず、地場の野菜貯蔵も多くは期待できない。……春先の雪滑泥濘は信州の特徴であり、輸送は甚だしく拘束される。秋のうちに用意して輸送に頼らぬ冬籠りの準備が必要である。漬物の役目は大きい（信毎二〇・九・一五）。

以上は、塩の配給を待ちわびる読者の投稿である。

昭和十七年秋は、十月から自家用漬物用塩が配給予定といい、一人当たり農家と工場労務者に二・五キロ、非農家一・二キロ、山間地二・八キロとある（信毎一七・九・二三）。農家が三カ月以上、あるいは六カ月保存用を作るとして、材料の一〇～一四%の塩加減であるから、一人当たり二〇キロ余りの大根、白菜、漬菜が塩蔵されることとなる。

## 卵、魚、肉

鶏卵の切符制は十七年七月からであった。翌年初めの松本市では、病弱者のみに購入券が配布されることになり、さらにそれさえも現物の入手は難しくなっていった（朝日一八・一・二九、信毎一八・八・二三）。十九年の須坂《すざか》町では、病人用の切符で、鶏卵一五個を購入するのに一カ月かかるという（信毎一九・三・三二）。肉や魚の出回りも、十七年には少なくなっていた（同一七・四・二五他）。十八年八月末、長野県への入荷魚類は、輸送や資材関係でさらに減っていた（朝日一八・八・二八）。十九年には「県下の海産物配給量は他府県に比して少ない」状況で、「大体配給割当の半分程度しか入らない」とあり、年末には「県民全般を通じて海産物と遮断《しやだん》されつゝあるかの如き現状」であった（信毎一九・六・一五、一二・六）。「海産物は海のない本県としてはやむを得ないとしても、牛、馬、豚等を相当多数に飼育してゐる本県としては、獣肉配給には何らかの打つ手があるのではないか」と県畜産課に問えば、大家畜（主として牛）の六割以上が統制によって県外へ移出され、さらに兵食ならびに加工用として差し引かれ、十九年に県内配給となった量（大家畜一二〇〇頭、豚六〇〇頭）は、十三年に比べて一八分の一強でしかないという答えであった（同一九・一二・五）。

## 燃料事情

長野県は林業が盛んな県であり、特に木炭は岩手、福島に次ぐ全国第三位の生産県であった。木炭は家庭用、工場用、ガソリン代用木炭自動車用として需要が増加していた。製炭は十二月、一月、二月が最盛期とされ、雪深い山中にこもって行われる激労働であった。木炭や薪は公定価格が低く、ことに製炭は生産、輸送コストの上昇で割が合わないと、木材伐採や他業に転業する者が多くなっていた。県から各郡へ、さらに各村へと割り当てられる量を生産、供出するため、老人や女性も荒仕事といわれる製炭作業に駆り出されていた。近くの山は伐採され尽くし、仕事の場は深山へ移動していた。原木が高騰し、炭俵、縄なども調達しにくくなっていた。薪炭や木材を運ぶための林道開削工事が進められる一方で、既存の道路や橋の修理が追いつかず、トラックなどの輸送手段も十分確保できず、製炭現場、山元や駅には大量の滞貨が生じていた。その搬出作業に翼賛壮年団《よくさんそうねんだん》、男女青年団や、国民学校児童までが動員された。

県内消費用だけでなく、県外へ供出する分が大量に割り当てられていた。目標量を達成するため、県知事、地方事務所長他の職員が製炭現場に足を運んで慰問、激励し、各警察署も横流しなどを監視しつつ、主要産地には専務巡査部長を配置して監督事務一般に当たらせた。警察力を行使しての督励であった（朝日一八・一二・二九）。「農民からも炭焼き

図3　木炭自動車（川上今朝太郎『銃後の街』大月書店，1986年より）

と無能の代名詞のやうに蔑まれる彼等」の一人は、知事のねぎらいを受けた折、「大東亜戦争下の炭焼きは稼業冥利に尽きますね！　こんな奥山に知事閣下をお迎へして、お礼のお言葉まで戴き」と語っている（日日一七・一〇・一七）。「五、六年以前までは炭焼きというふと世間から軽蔑の眼をもつて見られたものですが」という彼らを、紙上では「製炭戦士」、「山の戦士」と称するようになっていた（信毎一七・一一・二三）。戦時下の社会経済事情が、階層的職業観を解消していった一例である。激励に訪れた人々に対し、製炭者は食糧、地下足袋《じかたび》、手袋、作業衣補修用の布や糸の特配を懇請していた。規定配給量の米では激労働に耐えられず、布や糸がなく、ボロボロに破れた作業衣を繕うこともできないと訴えている（信毎一七・一〇・二九他）。

## 米の減配

主食によってカロリーの大半を摂取していたこの頃の食生活において、昭和十七年夏以降、米の減配が進行していったことが何よりも大きな問題であった。それ以前の二年間、一般成人二合五勺の基準量であった米の配給が、十七年六月以降二勺減の二合三勺となった。そのうえ、八月一日から「綜合配給」の名のもと、米八割、麦一割五分、乾麺五分などと、米の割合が減らされていった。十八年一月からは五分搗《づ》き、二月十五日からは二分搗きと、生産者、消費者を問わず節米のための搗精《とうせい》制限が行われた。玄米食も提唱され、炊き方講習会が各地で開催された。警察が精米業者の一斉検査を行い、県食糧課は児童、生徒の弁当を調査するなどして強制した。後者によれば、国民学校および青年学校一七万四五〇〇人の弁当は、玄米食一%、二分搗き以下二五%、五分搗き以下五六%、白米一八%で、比較的農村地帯に白米食が多く、二分搗き以下の多いのは都市域であった（毎日一八・三・二六）。豊科《とよしな》署が七十余名の精米業者につき、二分搗きの取り締まりを行った結果、違反者三十余名であり、その違反理由は消費者が忌避すること、家畜飼料として米糠《こめぬか》を得るためであった（信毎一八・三・五、六）。玄米食は手がかかること、燃料が必要なこと、口当たりや消化が悪いなどで実践されなかった（『翼賛国民運動史』他）。二分搗きも嫌われ、一升びんに入れて搗く方法が各家庭で行われていた。「最近上田市内の上流家庭や勤労を忘れた一部市民に心から感謝すべき配給米を、種々の方法で白米に搗いて食ふ不心得ものが現はれて来た。病人ならばとにかく、健康の者のか丶る行為は断じて許されない」と、隣組を通じて禁止するなどとあるが、完全に遵守させることはできなかったらしい（信毎一八・七・二五）。

また、十七年二月二十八日から味噌、醤油が切符制になった。味噌は一人一ヵ月二七〇匁、醤油は同じく三合五勺の配給量であった。味噌は一人一日九匁（約三四グラム）となり、味噌汁二杯程度しか飲めず、醤油一人一日二一ミリは煮物二皿分には足りない量である。

## 野菜・果物

昭和十七年の野菜は春先から初夏にかけて不足したが（信毎一七・三・八）、その後の夏野菜、越冬野菜はまずまずだったらしい。ただ、県内の青果物の統制価格が隣接府県と比較して安いため、「県外に向つてその大量が流出する反面、移入状態は全く僅《わずか》なもので、殊に昨秋来この傾向が著しく劇しくなつて居り」との事情で、値上げが検討されていた（信毎一七・七・一三）。また、米麦、鶏卵、味噌、醬油、肉、野菜、果物など「主要食糧物資が最近配給機関を通らないで不当に県外に流出する傾向が多くなり、需給計画におよぼす影響も相当考慮を要するにいたつたので」、八月十一日、駅その他で警察は全県一斉の所持品、荷物便調査を行った（朝日一七・八・一二）。「温泉地に流れこむ中央の客が、ふきんの農村から闇値《やみね》で物を買あさる傾向があり、しかも旅館業者中にはこれに便宜を与へるような事実」にも警戒の目が向けられていた（信毎一七・一一・二六）。

翌十八年は、春先はともかく、夏野菜は豊作であった（信毎一八・七・二八）。米の減配によって、県外ブローカーのみならず、一般消費者に買い出し行為が拡大していた。ことに晩秋の収穫期、越冬準備期には、各駅は買い出し客で混雑していた。各警察署による経済違反取り締まりが行われ、松本署管内鉄道、電鉄各駅では、十一月七日（日）～八日（月）正午までに三百余件が摘発された。「多くは米、豆類、小麦粉及制限超過の果物類等」であった（信毎一八・一一・九）。下諏訪駅《しもすわえき》へは翼賛壮年団（翼壮）その他団体が交代で出動、「各列車の入るごとに雑沓《ざつとう》する旅客の交通整理員をやりつゝ、〃闇や買出しをするため余計に物資が窮屈になり、お互ひの首をしめてゐるやうなものです〃と説き、持込品の取締り」を行った。「果物最盛期に入つてからは、平日でも前年に比し十割増だつた。旅客乗車口を通れぬほどのリユックを背負つた客が群をなしてゐたのが、運動開始十日目ごろから旅客数も持込品も、小荷物までメッキリ減り、もう隊員が手持無沙汰なほどの薬の効きかた、しかしその反面、隣接岡谷《おかや》、上諏訪駅頭の買出客や小荷物が増すといふ現象を呈し、買出旅行絶滅は物資出廻期に各駅一斉に行はねば実効がない」と報道されている（朝日一八・一二・二）。

## 燃料不足

知事以下、当局の督励にもかかわらず、昭和十七年夏以降の木炭生産状況は、はかばかしくなかった。七月一日から松本市で木炭の通帳制が始まった（朝日一七・六・三〇）。十二月になっても松本市内各学校では木炭不足でストーブが入らず、また県下随一の産地でありながら下伊那郡《しもいなぐん》、飯田《いいだ》市内の木炭配給は滞りがちであった（信毎一七・一二・三）。当時一般家庭ではこんろやこたつに木炭を、かまどや風呂に薪を使用していた。十七年末以来、薪も不足していた。「薪の逼迫状態に乗じて、一部業者間には手段を選ばぬ違反を行ひ、一般消費者を泣かしてゐる有様で」、警察は一斉取り締まりを断行、四四五件の横流しや闇による不当利得などの違反を摘発した（毎日一八・四・一八）。その後も業者の不正は止むことがなかった。

十八年秋も薪炭は「各市とも非常に逼迫《ひっぱく》」状態であった（信毎一八・一〇・二）。年末の長野市では「八万市民の台所は相当燃料不足を告げて、薪の配給を待望」していたが、「労力不足と積雪のため輸送困難を極め」、市民の自力運搬を呼びかけねばならなかった（読売一八・一二・一五）。諏訪市では翼壮が二五〇名ずつ三日間出動して、一五〇〇俵の木炭を背負って搬出した（朝日一八・一二・四）。上田市は市有林を開放、主婦や子供に薪を伐《き》り出させた（信毎一九・二・二九）。県下各地で、薪だけでも一〇万束を運んだ「国民学校児童の協力は実にめざましいものがあつた」という（信毎一九・六・四）。

# 食糧不足の深刻化──昭和十九年

## 「重苦年」

昭和十九年、新しい年を迎え、上高井郡都住《つすみ》村の婦人会は「勝ちぬくために十九年を重苦年と心得」て、割り当てられた藁工品《わらこうひん》は自分たちで引き受けようと常会で申し合わせた（信毎一九・一・一二）。この年はまさに「重苦年」となり、国民生活の窮迫度が一気に加速した。食糧、燃料、衣料など生活物資のすべてが不足していた。十七年二月、都市一〇〇点、農村八〇点で始まった衣料切符制度は、十八年度には点数は据え置かれたものの、衣料自体の点数が平均二五％引き上げられたので、実質的には都市七五点、農村六〇点となっていた（同一八・二・二）。十九年は都市と農村の差がなくなって年齢別となり、三〇歳未満五〇点、三〇歳以上四〇点と大幅な減点であった（同一九・四・二）。誰もが忙しく、「人の和」の欠如、街頭の「不親切」現象が指摘され、人心

図４　仲町常会婦人部の供出製縄共同作業（昭和16年，武重徳男氏所蔵，『望月町誌』別巻２，2003年より）

の荒廃、モラルの低下が蔓延《まんえん》していった（同・一九・五・二三他）。

　松本地方で「戦局の凄愴苛烈《せいそうかれつ》に伴ひ最近デマが台頭した観ある」と警告され、「松本署から見た最近の流言又は造言《ぞうげん》蜚《ひ》語《ご》の傾向は、官吏《かんり》の誹謗《ひぼう》、食糧事情に絡まるのが多い」といい、取り締まり後に牽制《けんせい》するような形で出るというから、官吏とは警察官のことなのであろう。「教育の低い婦人に多く見られる」ともある（信毎一九・二・二七、四・二四）。言論取り締まり違反者は中年層に多く、三五、六歳から四〇歳代が圧倒的で、それは「一家の家政、食糧を切り盛りしつゝ、ある中年男や婦人連がトカク不平居士《ふへいこじ》」となるからであるという（同一九・五・一）。

「醤油、味噌の不足には塩を入れ、量を多くして煮るとか、米は極力野菜を混入する等の方法」をとれば、「今の配給で間に合つて行く筈《はず》で……戦争に勝つための不足であり配給である認識を持つて貰ひたい」と松本署は語っていた（同一九・四・二四）。配給の公平を徹底し、人々の不満を解消しようと、登録輪番制の導入など配給制度の整備も進められた。

十九年六月二十日から、米の配給量がまた削減された。精米九割、補助食糧一割であったのが、精米七割、麦類または馬鈴薯一割、大豆二割となり、大豆が主食代用で配給されることになった（中日一九・六・二〇）。

## 野菜不足

この年の夏から秋にかけて大きな問題となったのは、県内中小都市への野菜供給が滞ったことであった。冬および春先の払底後、暖かな季節を迎えて、いよいよ出回るかと期待された野菜は一向に姿を見せなかった。野菜不足は六月の農繁期頃からひどくなり、以後十一月初めまで続いた。

このところ六市《ろくし》はじめ県下の消費地に野菜の出廻りが不円滑で、市民の半数を農家が占めてゐる長野市でさへ珍しく味噌汁の実にさへこと欠く家庭もあるやうである。理由はいろ〳〵ある。例年なら春から夏へ亘る農繁期のこの端境《はざかい》期《き》には県外早場から、きうりや茄子《なす》やかぼちやが救援入荷してしのいだが、今年は殆《ほと》んど入つて来ない。各県とも野菜の手当が窮屈だし、タマネギなど軍需に廻されるものもある。県内ものはといふと寒さが遅くまで残つた上に、六月末までは雨も少く野菜の出来も芳《かんば》しくはなかつた。そこへ農繁期である。ひとしきり麦刈やら田植やら主要食糧の方へ人手を集中して、野菜の方までは手が廻り兼ねた。しかも実際に野菜を蒔つけ或は植付けた作付反別は、春以来県農業会の指導にも拘はらず予想外に少かつた様である。……農家は何よりもまづ五穀の増収を気負つて、野菜は自家消費に毛の生えた程度にきりつめてしまつた。婦人と少年と老人が精魂を尽して耕作する野良仕事の実情からいつて、食糧増産に力を注げば勢ひ手のかかる野菜の方はおろそかにもなり……（信毎一九・七・一二）。

農繁期が終わればとの期待もむなしく、夏野菜の最盛期にも枯渇《こかつ》状態は続いた。

松本地方青果物の出廻りは、昨今の最盛期に入つてもとかくの品不足を告げ、市民は毎日のお汁のみにさへ依然困惑して……各家庭では胡瓜《きゆうり》一本に五日も七日も待望してゐるといふわけだ（信毎一九・七・一二）。

出荷統制のしくみにも問題のあることが指摘されている。

一年中もつとも野菜の出盛期のはづのけふこの頃、市街地の品不足は一体どうしたことか。今年は雨量が少く、なす、きうりをはじめ、野菜がちがひでもあつたらうが、しかし人口三万か四万の地方小都市が一日一人四十匁（一五〇グラム）程度の配給に困るほどの不作ではない筈。ではどうして出ないか。だれもの見るところ青果物出荷統制に大きなあながあることだ。出荷統制によると町村農業会が集荷して、これを街の荷受組合へ出す。組合から配給業者へ、そして消費者へといふしくみである。これが計画通りゆけばまことに結構だが、いまの農業会にしても手不足のところへ、あれもこれもで野菜の集荷にのみ力をいれてゐる余裕がない。農家にすれば野菜つくり専門のものはとにかく、これも人手不足のこのさい、せつかく供出しても、代金は一ケ月か二ケ月後、しかも農業会、荷受組合の手数料五分五厘、それに運賃まで生産者負担とあつて供出をしぶることになる……（信毎一九・七・二五）。

　消費者はつてをたどって融通するか、自ら農村へ買い出しに出向くかして補うしかなかった。

**「小さな闇」**

北安（北安曇《あずみ》郡）では遂に六月まで、青果物商の店頭には唯の一本の野菜すら姿をみせなかつた。……昨年十二月野菜が出廻らなくなつてから、正規の路を通つた野菜は僅かに四月頃牛蒡《ごぼう》が配給となつた程度である。どうしたのか？　春となつて一応農家付近の者は野菜も手に入り、非農家でも一坪農園に智恵と努力を惜しまなかつたから死活の苦しさはなく、それだけに不満も表面には現れなかつたが、大多数の正しい生活者は待望久しく、斯《こ》うした反面、最初大都会に例を見た「買出し部隊」を嗤《わら》つた大《おお》町《まち》、池田町《いけだまち》辺の人まで、さきには眉《まゆ》をひそめた過ちを自らおかして、最近は特に目立つ程、郡下南部の野菜産地、南安（南安曇郡）あたりまでモンペが出向いて直取引をしてゐる実状であり、……（信毎一九・七・一）。

須坂《すざか》署では……去る十一日午前五時から十二日にかけて、管内の主要生産地の小布施《おぶせ》村を中心に一斉取締りをおこなつたところ、小布施駅から乗車する大部分が長野、中野その他からの買出し、あるひは野菜づゝみを所持してゐる乗客であつたので、これ等には全部注意を与へるとともに自粛をうながし、一方生産者に対し、今後かならず系統機関へいれるやう警告を発した（同一九・七・一四）。

闇や買い出しが、中小都市の消費者と一般農家に拡大、日常化したのである。

十九年春以来、東京方面から疎開者が入県し始めていた。しかしこうした配給事情では「簡単に手にはいると思つた野菜がなか〳〵手にはいらぬので閉口した」ということになり、買い出しに出向かざるをえない。初期の疎開者は「主人と別居してゐる者がほとんど全部で、そこへは主人の送金も多いため、金を惜気なく使ふ。そして時たま主人の帰つたとき、持つてゆくお土産に野菜などの買漁《かいあさ》り、買溜《かいだ》めする風があり」とみられ、余裕ある生活資金とひまを持つ疎開者、ことに女性家族が地方人の反感を買っていた（信毎一九・五・二九）。

国民生活の安定を阻害する闇行為の撲滅《ぼくめつ》を期して、県経済保安課では県下各警察署を動員、取締強化に乗出した。小さな闇が結局は統制を蝕《むしば》む大きな犯罪となるので、まづ小さな闇行為の自粛から出発することとし、市町村常会内に闇防止対策委員会を併置、十軒単位に一人づつの監視委員を置いて、互ひに自粛をはかるやうな案も進めてゐる（朝日一九・五・二五）。

「小さな闇」とは、一般消費者、生産者の直接取り引きを指している。上記の案に添って、県下各市町村に七月下旬までに闇防止委員会が設立されたようである。町内会、部落会、隣組ごとに闇防止指導員または委員を指名し、闇撲滅の啓蒙、監視を行わせようとした。指導員や委員には推進力ある者や人格者をあてる方針が伝えられている。特異な例では、東筑摩《ちくま》郡島立《しまだち》村が青果物生産者一二〇名全員を闇防止委員に挙げ、野菜類の横流しの防止を期すという。松本市郊外に位置するこの村は、市民への野菜の直接販売が常態化していたのであろう（朝日一九・七・二二）。各地とも当面の目標は野菜の闇退治であったが、設立されたという記事のみで、その後の活動は伝えられていない。「闇は野菜をはじめ物資の出廻り不円滑が最大原因」であったから、不円滑がなくならない限り防止は不可能で、「指導員は推進力あるものでなければ無用の長物と化する」と、当初からこの件に関して押さえのきく人物など見いだしがたいこと、したがって実効性に乏しいことは、誰もがわかっていたのであった（信毎一九・七・三〇）。

### 学童疎開への対処

このような事情の中へ、学童集団疎開という新事態が加わった。長野県は東京都世田谷《せたがや》、中野《なかの》、杉並《すぎなみ》、豊島《としま》、足立《あだち》区の国民学校初等科三～六年生を受け入れることとなり、八月十一日以降、県内温泉地を中心に三万人ほどが入県した。受け入れ側にとって、何より大きな問題は食糧であった。東京都の実施要領に

図５　集団疎開した杉並区の児童（昭和19年，小山迪彦氏所蔵，『望月町誌』別巻２，2003年より）

よれば「主食、調味食品など計画配給物資は受入県分へ配給転換し、蔬菜《そさい》、魚などの副食物は地元で極力調達する」ことになっていた。経費は一人当たり月三六円、内一〇円を保護者負担とし、残りが都の負担、内八割を国庫補助とした。受け入れ道府県には学童一人当たり年三〇銭、町村へは二円の「お世話費」を交付するとある（朝日一九・七・一八）。

主食に関して問題となったのは、東京都と各県の配給量の差であった。「主食は学童給食を含めての都内の標準量三合五勺をなるべく維持して貰《もら》ふ」というのが都の希望であった。先の要領にも「給食もそのまゝに移動し、おやつなど不自由せぬやう按配《あんばい》する。ただしこの際、地元との均衡に十分留意し……」とあった。これに対して、受け入れ各県担当者の声が載っている。山形県は「県の配給と同量に年齢十一歳以上には二合八勺配給する」、栃木県は「疎開学童の主食は地方学童同様に切下げる。たゞし差額分は必要と認めた場合は別途に考慮する」、茨城県は「県内学童配給量とにらみ合せねばならぬので、大体二合八勺の方針」、長野県は「主食糧は余分に与へられぬが、副食物、おやつ等は地元で確保し、ひもじい思ひをさせない準備を講じてゐる」と述べている（朝日一九・七・一八、二二）。

一一歳以上の児童への主食配給量は、青少年加配を合わせて二合八勺であった。十九年四月から六大都市の国民学校で、一食七勺の学童給食が開始されていた。したがって、給食分を加えると、東京都の一一歳以上の児童には三合五勺が配給されていたことになる。ところが、疎開先の各県においては、学童給食が行われておらず、この七勺の差が問題となったのである。

長野県の場合、給食は冬季の一、二ヵ月、それも隔日の味噌汁給与が行われている程度であった。食糧事情の悪い六市や町部の児童に対し、県は「食糧給与とまで行かなくとも、味噌汁の通年給与は是非とも実施する意気込で着々計画を進め」、「この秋から冬にかけて味噌汁の学校通年給食が本格化される」であろうとの報道がある段階であった。ただし、その食材は「あくまで学校における自給自足を原則として、学童自ら大豆その他の野菜を栽培し、塩の配給を受けて高学年生徒に味噌を醸造させて、これを味噌汁給与に充てようとする方針」という（毎日一九・七・一五）。すでに味噌汁給与を実施している学校では、汁の実の調達に悩み、児童を動員して山野草を採取させせなければならなくなっていた（信毎一九・六・七）。

疎開学童の入県を控えて、給食に関する地元学童との格差が改めて浮かび上がってきたのである。十九年八月三日付、警察署長・地方事務所長・国民勤労動員署長・市町村長宛の県通牒「帝都学童集団疎開受入ニ関スル件」には、次のような留意事項が記されていた。

主要食糧、調味食品等配給統制物資ハ、東京都ヨリ本県ニ対シ割当転換ノ措置ヲ講ゼラル、モ、疎開学童ガ地元学童ニ比シ諸物資自家生産等ノ途ナキ特殊事情ヲ有スルモノナルニ鑑ミ、努《つと》メテ東京都ニ於ケル現行標準ヲ尊重シ配給セラル、ヲ以テ、地元学童ト若干其ノ内容ヲ異ニシ優遇セラル、ガ如キ感ヲ抱カシムルモ、右事情ヲ一般ニ理解セシメ、之ガ為ニ地元民及学童等ヲシテ不平等感ヲ抱カシメ、両者相互間ノ調和ヲ阻害シ、又ハ地方ト都市間ノ感情疎隔ノ結果ヲ招来スルガ如キコトナキ様特ニ留意スルコト（『長野県教育史』第一五巻史料編九）。

この一一日後の八月十四日、学校給食実施に関する県の通牒が発せられた。「児童生徒ノ栄養ヲ補給改善」し、「健民強兵ヲ作ル」ため、「時局下ノ物資事情ヨリ実施上困難少カラザルモ」、県下すべての国民学校において主として味噌汁を通年給与し、「出来得レバ煮付、パン食等ヲ併セ給スル」ことを指示していた。難しい場合は、低学年より、あるいは冬季を中心に実施しつつ、範囲、期間を拡大していくよう求めていた（前掲『長野県教育史』）。

食材、燃料、設備のいずれも不足していた折に、果たしてどれほど実現できたのであろうか。松本市内の国民学校では、いつ開始されたか不明であるが、二十年四月まで味噌汁が、同年五月まで週三回パン食が給与されていたことがわかる（信毎二〇・七・六）。一部地域で、恐らく市街地で、実施に移されたものと思われる。それにしても大量の物資が必要となるわけであるから、学校の自給自足で賄《まかな》えるはずがない。行政当局による物資の融通が行われた結果であろう。この給食実施には、疎開学童と地元学童との主食配給の均衡を多少とも図り、「不平等感」を緩和しようとの政治的配慮が加味されていたと推測される。

現在のところ、長野県において疎開学童への主食配給量がどのくらいであったか、明確な数字はわからない。通牒に記されたように、「東京都ニ於ケル現行標準ヲ尊重シ配給」されたのであろう。これについて、疎開学童と地元学童に差をつけるべきではないとの意見が、翼賛壮年団や各地行政担当者から表明されていた（朝日一九・八・二五、信毎二〇・三・一三）。一部地域における給食実施は、このような声に対する配慮であったろう。

また、『信濃毎日新聞』社説は、「集団疎開して来た児童には東京都なみの飯米配給基準が維持されてゐる上に、野菜や燃料など何くれとなく助力があるのに」、縁故疎開児童には何の援助もない、「学校の遠足などで疲れの早い子供には縁故疎開の学童が少くないといふし、弁当の量の少い傾向も見られるといふ」と、縁故疎開児童への対策を要望している（信毎二〇・三・一三）。十九年九月末において、集団疎開三万五〇五人に対し、それ以外で入県していた国民学校児童は一万七六三六人であった（同一九・一一・一）。

昭和二十年五月一日、全国的に米の配給量改訂が行われ、この時に学童給食が廃止された（『日本食糧政策史の研究』三）。先述のように、松本市のパン食給与が五月までで中止されたのはこの措置によってであろう。下高井郡の疎開児童を報じた記事中に、「六月からは七勺の加配米が無くなつた」とある（信毎二〇・六・二〇）。この疎開学寮の事例では、賄《まかな》いを村の経営とし、野菜の増配を村の責任で行うようにと、村への責任転嫁がみられる。これ以降、いずれの疎開学寮でも食事内容が一段と低下していったのである。

学童疎開の受け入れ時、副食の肉や魚をどうするかについては、ほとんど取り上げられていない。どうしようもないことは、自明であったからであろう。

## 野菜集荷対策

問題は野菜であった。県当局は疎開学童受け入れや、一般疎開者の増加に備えるため、野菜の緊急増産を指示し、地域ごとの割り当てを行った。白菜などの播種《はしゅ》期が間近に迫っていた（中日一九・八・二）。県農政課では従来の作付指導が米、麦、甘藷、馬鈴薯の増産に偏重しすぎたこと、机上計画と実際の作付面積が著しく相違したこと（前年同様の野菜作付面積のはずが、実際は三割五分減であったという）を改め、秋作からは総合的な作付計画を立てるとしていた。しかし、その計画と実際が一致するかは、農家が利潤の多い作物を断念して従ってくれるかどうか、農家の良心にまつよりほかないという（同一九・八・二六）。それ以前に、秋蒔《あきまき》野菜の種子が不足していた（信毎一九・八・二九）。

一方で県は、当面の課題であった市街地への野菜の出回りについて、それを促進するための緊急対策を打ち出した。消費者から寄付金を募り、それを農業会を通じて生産者に交付させるという出荷奨励金制度、六市および西筑摩郡周辺に野菜供給圏なる町村を指定、圏内町村はその市へ優先的に出荷するという制度、さらに集荷所の増設、集荷督励員の設置などの集荷施設の拡充であった（信毎一九・八・一〇）。集荷施設拡充にともなう経費については、助成金を交付した（朝日一九・九・一二）。

たとえば、一五五〇名の学童を受け入れる予定であった諏訪市の事情はどうであったか。

諏訪はもと〳〵消費地で、特に野菜類の如き最近は非常に窮屈になり、一般市民でさへ一本の胡瓜をわけ合つてゐる有様だから到底疎開学童の分を地元で完全に調弁するといふことはむづかしい。したがつて現在東京で配給を受けてゐる学童の分をこちらへ廻すといつた塩梅《あんばい》に考へて貰ふことがいゝと思つてをります。勿論こちらとしても出来る事は無理しても心配するが、田舎へ行けば野菜ぐらゐはどうにかなるだらうといつた考へで、漫然とやつて来られてはどうにもならない（信毎一九・七・三一）。

諏訪署担当者の弁である。このあたりは従来山梨県や県内北信地方から、多量の野菜を移入していた。しかし、県外からは公定価格の相違や移出制限によって入荷せず、県内からも輸送問題、ことに運賃が絡んで不円滑となっていた。目標量を一人一日七〇匁（二六三グラム）として、七月中の配給実績は三分の一に及んでいなかった（信毎一九・八・一五、一六)。八月十三日、諏訪地区の蔬菜緊急集荷対策協議会が開かれ、消費者側より貫当たり二銭五厘の出荷助成金を生産者に交付すること、市町村農業会が生産者本位の集荷施設を設けること、国民学校児童の登校時に各家の余り野菜を持参させ、集荷することなどを決定した(同一九・八・一五)。他の市や町の対策もほぼ同様で、他には買い出し者に対する警察の取り締まり強化、翼壮や市民の勤労奉仕による集荷、市街地から農村への糞尿、焼灰の還元などであった。

県の野菜供給圏設定に対して、岡谷市などは机上論であり、再検討を願いたいと強い反発を示していた。岡谷市に割り当てられた供給圏は単なる隣接地にすぎず、実はほとんどが消費地で、到底野菜の必要量を確保できるものではない。市の実情に即した措置を願いたい。桑園、雑穀などを転換させ、強制的に野菜を作らせるぐらいの措置を講じてもらわねば無理であると、同市の経済課長は語っている(信毎一九・八・一五)。諏訪地区の協議会席上でも、出荷助成金交付は愚策であり生産者価格引き上げを考えるべきである、農業会や統制会社がとる中間手数料が多すぎる、現地で集荷に骨を折る町村農業会へ、県農業会が一文の手数料も支払わないのでは成績は上がらないなど様々な不満が表明されていた(同一九・八・一五)。県と市町村、県と農業会、翼壮と農業会、県農業会と町村農業会など、野菜対策をめぐる対立がみえていた。

諏訪市の場合、野菜の出回りは八月下旬は一時的に好調であった（中日一九・八・二六）。しかし、その後の記事によれば、諏訪、岡谷市の八月は一人一日六〇匁、九月は四三匁であった。松本市では一人一日七〇匁の計画が、実績は八月が四〇匁、九月は二八匁であった（毎日一九・一〇・一三）。南安曇郡農業会は国民学校児童の手で、ヨモギ、甘藷のつるや葉、大根葉、スベリヒユを収集することとし、町村への割り当てを行った（信毎一九・八・二五）。高遠《たかとお》町農業会も野生食糧採取を奨励するという（同一九・九・八）。

## 大都市の特別措置

昭和十九年八月末、県は再び当惑させられる事態に直面した。八月二十九日、「生鮮食料品価格特別措置要綱」が閣議決定され、野菜の公価を適当に引き上げる、主要消費都市（ことに東京都、大阪市）は例外価格を設定しうるとあった。後者、すなわち東京都との価格差によって、県外移出が急増する懸念が生じたのである。たとえば、出盛り期がこれからという菅平《すがだいら》高原のキャベツ、白菜が大都市に吸引され、県内向けは姿を消してしまうのではないかという恐れであった（毎日一九・九・六）。

長野県はこれに対処して九月十四日、県内の蔬菜類、果実類の最高販売価格改訂を即日実施、総じて二割〜四割の引き上げを行い、加えて農家が買い出し者に売る場合、卸値の四割以下でなければならぬことに改正した（朝日一九・九・一四）。「実際問題としては左様な低価格で取引する生産者はある道理はなく、……事実においては買出禁止に等しい」、「すこぶる斬新かつ奇抜」な一策であると『信濃毎日新聞』社説は述べ、「最近の如き一人十匁内外といふ配給状態で、しかも子沢山の弁当持でも多いとしたら、勢ひ買出に走らざるを得ないことになるが、今後は『贈与』を乞ふ以外に途はない」と皮肉を放っている（信毎一九・九・一五）。結局、この策は十一月一日以降撤廃された（同一九・一〇・二六）。

　中野署が長野電鉄主要駅で買い出し警戒を行ったところ、「全部が生産者直買で、白米、大豆、馬鈴薯、甘藷、りんご、禁制品の西瓜《すいか》等、公価の三、四倍といふ価格違反」であった。同署は「集荷強化のため、今後生産者個人販売を厳重取締る」という（信毎一九・九・一八）。実際の取り引き価格は公価の三、四倍で、しかも出荷の手間や手数料がいらず、庭先で売れるのであるから、農家も正規のルートへ乗せようとしないわけである。

　一ヵ月後の十月になっても、極度の野菜不足が続いていた。長野市の場合、一人一日当たりの配給基準量を七〇匁として、「といってもそれは茄子《なす》一個、胡瓜《きゅうり》一本位の目方」、八月は三二匁、九月は一三匁の配給しかなかった。上田市ではさらに甚だしく、八月は一九匁、「九月に入っては更にガタ落ちで十日に一度配給あるか無きかの状態、配給量は一人当り平均十六匁強にしか当らず」、「如何に決戦生活に徹せよといはれても、これでは到底やり繰りが出来ず、つまるところ近村へ買出しに出る以外に手がなかつた」と、記者も途方にくれている。野菜不足の原因に加わったのは、大都市の特例価格であるという。たとえば、白菜（六貫目入り）の最高価格は、県内が二円九四銭であるのに、東京、大阪では四円三二銭という大きな価格差が「（菅平《すがだいら》の）お膝元の上田市はじめ県内市街地の蔬菜不足をよそに、続々東京、大阪、京都等の大都市に送り出されてゐる」という。「県外出荷割当の百％完遂も兵站《へいたん》基地としての責任上なさねばならぬが、その前に県内土台をしつかりかためることを考へてはどうか」と、中央への不満をのぞかせ、県内への配慮を求めている（毎日一九・一〇・一三）。中央大都市対地方中小都市の対立という構図が鮮明になっていた。

## 学童引き揚げ事件

十月末に起こった疎開学童引き揚げ事件は、食糧をめぐる中央と地方の確執という点からも、象徴的なものであった。下高井郡平穏《ひらお》村（現山ノ内町）に集団疎開した豊島区池袋の国民学校児童一五〇名中、七〇名が父兄に伴われて帰京した。「これに類似せるものも県下にボツ〳〵みられる」とあり、「食物が足りない、身の廻りの注意が不充分だ」と縁故疎開させるという名目で子供を呼び戻す親が出ていたが、この事件は多人数が短期間に帰京したため、大きな反響を巻き起こした。「面会から帰つた一部の父兄が、宿舎の待遇がどうの、請入《うけいれ》地許《じもと》の誠意がどうのといつたあげく」、「引率訓導《いんそつくんどう》をめぐる兎角《とかく》の非難」になったというが、これ以上の事情は不明である。

父兄側の身勝手な行為と決めつけられてその主張は掲載されておらず、急遽派遣された都の視学は、ひたすら受け入れ先への謝罪に終始している（信毎一九・一〇・二八）。

宿舎側に何らかの問題があった可能性もある。十月下旬から六方面に分けて行った県の査察で、「例へば学童に対する不親切だとか、物資の横流しなど」、「極《ご》く少数の宿舎で現在各種非難の的になつてゐるやうな事態が発見された」という（中日一九・一一・二）。山間の温泉地で、地元児童の二〜四倍も過剰に受け入れたところが教育上はもちろん、食糧、燃料などに困難を来していた。また、旅館営業と並行している宿舎は、「一般旅客と学童の食物が違ふために児童に悪影響を与へてゐる」など問題が多く、学童用物資横流しの疑いをもたれてもいた（同一九・一一・一他）。県都市疎開請入対策本部の担当者によれば、宿舎に関して都の対応にも遺憾《いかん》な点があった。「請入宿に対しての諸経費の支払ひがひどくおくれ、旅館には全く気の毒である。一般営業をしてゐれば毎日収入があつて資金の運転が出来るが、請入後二、三ケ月一銭も収入がないので宿の負担は大きい。県としては東京都へ請求してゐるのだが、東京都の方が準備の関係でおくれて、これが欣然《きんぜん》請入れた業者の熱意をそひだ」という。同担当者は「教職員は殆《ほとん》ど夜もろく〳〵眠れず相当過労におちいつてゐるし、寮母も過労してゐるのは気の毒だ」と語っている（信毎一九・一一・二）。

主食配給については「米と麦が別々に配給されるため適当の按配が出来ず、極端にいへば米ばかり食つたり、麦ばかり食ふといふ状態である」との報告があった（中日一九・一一・二）。以下は学童の食事内容についての、県食糧課の談話である。

疎開学童に配給する主要食も副食物も地許民《じもとみん》よりも絶対に優先であり、また量も相当配給してゐるから食糧の待遇については不足はない筈で、逆に地許の非農家学童の方が少い訳だ。だから主食の不足は絶対にない訳で、副食物は請入れ過剰地が野菜不足に困つてゐるけれども、最少限一人一日五十匁以上は絶対に確保してゐるから、これも非農家児童よりはよい訳で、配給標準は七十匁としてゐるが場所によつては二百匁も配給してゐる。副食物が悪いといはれるのは肉や魚が東京のやうに（はいかず）配給が少く、ほとんど野菜ばかりになり、その野菜も毎日変化できず五日も同一物が続くといつた一律的な結果である。本県には魚がない。従つて配給しろといつても駄目だ。また肉類もなく、本県民は皆これには困つてゐるのだから仕方がない。もし栄養上必要だといふなら、東京都へ入荷する魚や肉を或る程度本県へ振り向けて貰はない限り無理である。このやうな点を東京都の人々は充分考へて貰ひたい（信毎一九・一〇・二八）。

「内閣が変つてから（注—七月に東条英機内閣から小磯国昭内閣へ交代）東京における野菜、魚介の出廻りがよくなつた」といわれていた（信毎一九・一一・二）。その一方で、長野県は多数の疎開者（前の記事によれば九月末で、集団疎開学童を合わせて九万三八九九人）を受け入れて、魚介類はもちろん、市街地は野菜にさえ四苦八苦していた。県食糧課員の談話には、そのような地方事情をもっと考慮してほしいとの意が込められている。そもそも大きかった東京と地方、ことに農村との食生活上の格差、そしてこの時期に生じた食糧をめぐる中央と地方の確執が、学童引き揚げ事件にも反映されていた。

ただ、「主食の不足は絶対にない」わけではなかった。「疎開学童のお米の配給量は一般配給よりも多いが、半分ぐらゐは藷《いも》や粉で配給される。米そのもの、量は少い」のであった（信毎一九・一〇・二七）。もっとも、同時期の一般配給も、後述のように米は五割となっていた。また、「地方事務所への届出には、決められた量を納入したことになつてゐたが、農業会への伝票をみると、実際は僅かなものしか廻つてゐなかつた。かういふ非良心的なのが、地許側にあるから油断できぬ」などの不正もあった（同一九・九・二二）。一人月額二〇円の食費は、疎開一ヵ月後には三円ないし五円の値上げが早くも決定された（朝日一九・九・一四）。

宿舎などの暖房をどうするかも差し迫った問題であった。とくに寺院が大変で、こたつやぐら、こたつ布団の提供が篤志家に呼びかけられている。その他、ストーブ、火鉢、湯たんぽ、掛け布団、足袋、防寒衣類、修理用布や糸、鼻緒、ちり紙、障子紙、漬物用桶、燃料などの手配が各地で協議され、東京都側の協力も望まれていた（信毎一九・一〇・五他）。

## 冬を前に

長い冬に備えるため、漬物などを仕込まなければならない時期が、目の前に来ていた。「生産地飢饉」の現況に、県は十月二十六日、地方事務所と市役所の経済課長を集めて、新施策を指示し協力を求めるという。生産者負担であった運賃、統制料、労力などを消費者負担にすること、出回りを緊急に促す場合、例外価格を設けること、振り売り業者復活の裁量を地方事務所長にゆだねることなどであった（信毎一九・一〇・二六）。青果値上げは実行され、十一月、十二月中は例外価格となり、生産者価格が引き上げられた（同一九・一一・一二）。

十一月七日の『信濃毎日新聞』特集記事「どう台所を豊かにするか／実情と対策」は、配給では維持できなくなっている市街地の食糧事情と、冬を目前にしての不安、焦りに満ちている。主食も米の割合が五割にまで減らされていた。

お米が五割、あと五割はイモや豆や粉やウドンで代替して主食の配給基準を賄つてゐる。計算の上からいふと主食配給は維持されてゐる訳だが、もと〳〵主食が二合三勺では充分でないところへ、補助食のイモやマメなどを主食に組み入れてあとの手当が整はないから、食糧全体としての量は減つた勘定、特にこれまで足らずまひ（米）の補ひをつけて来た野菜が出廻り不円滑となつて、六大都市に優先的な集荷の手が打たれると勢ひ地方都市のお台所は窮屈となる。野菜生産地を周囲に扣《ひか》へた長野や松本さへが、小売業者の登録配給では足りない。足りないから全県的に買出しが繰り出す。魚にしても季節的に荷が入らないといふ説明だけで、どれだけの荷が入つてどんな風にわけられたのか報告されない。登録輪番制は商売をやりよくするために設けた制度ではない。勝ち抜く生活を強固に築くための分け合ふ制度である筈だし、登録輪番で市民各自の購入店を釘づけにした以上、登録にのるべき野菜や魚の現物がなければ消費者はたゞ困惑するばかりである。

続いて六市の現状報告が載っている。

（諏訪《すわ》市）狭い盆地に諏訪、岡谷《おかや》両都市が併立し、人口二万の下諏訪町と、幾つもの鉱山事業場に囲まれた茅野《ちの》を持つ諏訪は、目薬ほどの湖魚が出廻るからとて、そんなこと位にはかへられぬ食糧事情の窮屈さがついて廻つてゐる。盆前後、きうりや茄子が郡外から入荷したころは、乏しいながらもどうにか間に合つた野菜類の配給も、このごろでは三日乃至《ないし》五日目に四、五十匁の少量しか配給はない。また海産物にいたつては一層ひどく、何時配給があつたのか覚えのない程遠のいて、尚かつ今度は何時入荷するのか見透しさへつかぬ有様である。入荷の乏しい事情に通じない市民の中には、学童を始め疎開による人口の増加で市民の食生活がかくも圧迫されるにいたつたかの如く考へるものも少くないが、海産物は地方長官の責任供出制がとられるにいたつてから大都市に根こそぎ浚《さら》はれて、お裾分けにもありつけないのである。

（岡谷市）県の割当数量以上のものを見つけなくてはならないのが、この街の背負ふ大きな悩みだ。急激に膨張する工場、この頃は工場疎開も出て来た。行政的の面からいふならば人間の移動に食糧が付いて廻ることになつてゐるが、これがなか〳〵うまく運んでゐない。工員は増し工場は来たが、食糧が配給されるまでには二ケ月乃至三ケ月を要する。

（長野市）買出しはいけないといふが、配給の野菜ではとても足りない。登録輪番になつてからは登録店の他に売つてくれる店もなし、住宅の周りに丹精した夏野菜が命の綱。それもなければ勢ひ苦しまぎれの買出しへ足が向く。そして、よくしたもので、実質的にはおよそ百匁以上の野菜を食べて来てゐるのである。長野市が周囲に生産地を扣《ひか》へる有難さだが、いつも食ひもの丶心配に追ひたてられてゐる市民生活は、冬を扣へていよ〳〵浮き腰となりさうな塩梅《あんばい》。一体誰がこの心配をとりのぞいてくれるだらうか——。

（松本市）松本市民の食生活の実際からみると、まづ家庭配給は必要の最低限度量の僅々《きんきん》三〇%乃至三二、三%といふところがせい〴〵である。……この補給はすべて買出し、物々交換乃至は闇の入手といふ結論になる。……生計費が驚くべきほど飛躍してゐる。然《しか》らば松本市でこんなに食生活の物資が窮屈になつてしまつたのは何が原因か。輸送関係とか、作付反別の減反だとか、生産地労力の不足等々基本的な事由は挙げられるが、松本市に関する限りでは大工場の激増したこと、軍部の要求、それに疎開児童の夥《おびただ》しい需要を初めとして、これらに対する隠れた横流れも見逃せない数量に上つてゐることである。……綜合配給だつてこの次は何と何が何《ど》ういふ割合に来るか判明しない。……だからこんな点にも食生活の計画性を市民がもてない。そこに又不安が生れる（信毎一九・一二・七）。

記事中にもあったように、生計費が膨張していた。配給不足を補うために、公定価格の何倍もの食糧品を買い求めなければならず、食費がかさんでいた。しかも、「いろんな手当が増額になることは有難い。文句なしに有難いのだが、物価の奴が大股でまたすぐに引離してしまふ」というインフレが、俸給生活者の生活を脅《おびや》かしていた（朝日一九・一二・三一）。

## 味噌も

十月末には「比較的良好であつた味噌の需給関係も最近頓《とみ》に逼迫」、自家醸造をしながら配給も受けていた者を処断するとある（信毎一九・一〇・

三二)。長野県は著名な味噌の産地であった。『信濃毎日新聞』コラムも、東京中心の食糧行政に対する地方都市の怨嗟《えんさ》を隠さない。

帝都の情勢は、足手まとひのすみやかな処理による、防空体制の完璧化を要請してゐる。一時、中だるみの疎開は、急激に進められるであらう。それと共に併せ考へなければならぬのは、人間の疎開に伴ひ、食糧をも疎開乃至は再配置せしむる要あることだ。送り出しさへすれば、食糧は疎開先で何とかなるであらうは、当座は致し方なしとしても、長期戦の構へではない。疎開や工場員の増加によつて、中小都市の人口は、急激に膨張してゐる。東京が好転せるに対し、地方都市の食糧状態が頓に逆行状態であるのは、かうした事情も拍車となつてゐる。魚や野菜が芳《かんば》しくないどころか長野市内に於ては味噌の配給が遅れ〳〵てゐる。……味噌汁まで姿を見せなくなつた食卓は、食糧行政の奮起を促すこと切実なものがある。疎開が入る、工員が殖える、味噌の需要が殖える位のことは見透しのつくべき筈のもので、品物がなくなる前に、人口の減つたところから廻す工作があつて然るべきだらう。近時地方民の間に、疎開のお蔭だ〳〵といふ声がチラホラし始めたのは警戒すべきだ。地方民をして乏しきをわかち合ふ気持を徹底せしむべきはいふまでもないが、物資行政に遺憾なき配慮が先行すべきであらう。味噌はいまや、唯一といつてもいい蛋白食糧である。一杯の朝の味噌汁に、われらは英気を新にして職場へゆくのである（信毎一九・一一・一二）。

十九年七月二十二日に成立した小磯内閣は、「その前半においては、何となく気づまりな雰囲気から解放したり、東京その他大都市に比較的新鮮なる副食品を持込んだりして、評判は悪くはなかつた。されば『東京内閣』の呼称がおくられ、また『息抜き政府』との評もあつた」という（信毎二〇・四・七）。小磯内閣の食糧行政が、東京その他大都市に手厚かった分は、地方都市が負担させられていたのであった。

新米の出回りで、十一月初旬から米の比率を五割から七割に戻すと告げられていたが、実行されたのであろうか（信毎一九・一一・一八）。何といっても米の配給量が少ないことが根本的問題であった。『信濃毎日新聞』社説は「大都市の食生活がともかく好転した」、地方当局もこれに倣《なら》って食生活改善に努力を傾注してほしい、県会でも「せめて綜合配給の内容改善、例へば米の比率を幾分なり高め、甘藷を蔬菜として配給する等の措置について検討がほしかつた」と県や県会へ注文している（同一九・一二・六）。この年の県の甘藷増産計画は、労力不足や苗不足で六割余りしかものにならなかったというが、「甘藷の有難味を今年ほど味はつたのは初めて」とあり、米不足を補っていた（信毎一九・一二・一三、朝日一九・一一・八）。甘藷一貫六〇〇匁＝飯米一升に換算されて配給されていたが、「甘藷はあくまで蔬菜として配給し、二合三勺の実価値を発揮せしむる努力がありたい」

と切望されていた（信毎一九・一二・一三）。

また、「配給されてゐる二分搗米は消化不良であつて食生活には余り芳しくない」、せめて五分搗きにしてほしいという声も強かった（信毎一九・一二・二八）。しかし、総量が絶対的に不足しているためであって、もし五分搗きにすれば県全体で約三万石が足りなくなると、県経済第一部長の答弁であった（同一九・一一・三〇）。

米は口にする以外の用途でも欠かせないものとなっていた。通貨よりも米に信用が移行していた。

靴の修繕に米、綿の打返しにも米、洋服修繕、農具の修理も亦《また》米、まことに米々の世の中である。……綿の打ちかへしに、そつと土産の米を風呂敷に忍ばせなければやつて貰へないのである。同じやつて貰ふにしても、その速度がまるつきり違ふのである。……通貨をあくまで通貨たらしめよ、これは俸給生活者の必死の願ひである（信毎一九・一一・二六）。

「北信の洋服細民」と名乗る読者の投稿である。

その後、野菜の出回りはどうであったか。りんご、ごぼう、長芋、ねぎは、「集荷期をむかへながら生産者の横流しによつて殆んど集らず、このため来るべき正月の配給さへ困難と予想されるに至つた」ので、県は十二月四日からこの四種類は当分の間、生産者の自由販売を禁止した（信毎一九・一二・四）。ただ、白菜、漬菜、大根は価格引き上げなど行政の努力が実ってか、豊富に出回り、一息入れた格好となった（同一九・一二・五他）。

## 経済事犯の氾濫

これに関して、長野地裁検事の談話が詳しく紹介されているので引用しておきたい。

経済統制違反は量において激増すると共に、悪質となつてゐる。本年一月から九月までの状況を昨年同期に比較すれば、検挙人員は七百八十七名を減じてゐるが、これは経済事犯氾濫の中にあつて経済警察官の手不足もあり、戦力増強、食生活安定を阻害する事犯について重点的に検挙したために受理人員を減少した訳で、従つて処罰人員は百廿名増加し悪質化の傾向をたどつてゐる。特に食糧管理や食肉配給統制違反が多い。牛豚などの自家密殺や、米麦を直接購入して消費者が処罰された事件など、食糧をめぐる犯罪が激増してゐる。信州は経済違反の統計から言つて全国で上位にあり、十六年に全国十一位（二、三二二件）、十七年九位（三、七五六件）、昨年四、六七三（八位）と六大都市に次ぐものである。……犯罪の傾向を見るに農業者のうちには褒賞奨励金制度の発布されるや、これに備へやうとするため配給米の不正還元配給の事件続出して昨年の十数倍に上り、また最近は金より物、物のうちでも米を持つてゐれば不自由なしといふので、供出に応ぜず非常に高値に横流してゐる。一方に桶屋や野の鍛冶《かじ》は肥桶《こえおけ》、鍬《くわ》、鋤《すき》などの先かけをつくらふのに高い修繕料を要求する。しかも米を持つてくれればやつてやるといふ様に増産に非常な障害を与へてゐる。各統制機関にしても依然として自由経済時代の利潤追及《（ママ）》に汲々《きゆうきゆう》たるものあり、国家の戦時要員としての自覚に乏しい。会社工場は幽霊人口による物資獲得に或は闇取引の買あさりに汲々たるものあり、労務者、運送業者は不当賃金を要求し、生産を阻害すること著しいものがある。物資の窮屈化に伴ひ、配給の不円滑は買出しを氾濫せしめ配給機構を混乱せしめてゐる間隙《かんげき》に乗じて闇ブローカーが出る。区長、隣組長の配給物資に対する不正が続出してゐる。遂に闇取引はとうとうとして止まるところを知らずといふ状況である（信毎一九・一二・二）。

警察の買い出し取り締まりについて、十一月二十九日の通常県会の場で、西川新吉議員が「少し行き過ぎがありはしまいか」とただしたのに対し、県警察部長は「警察の取締りも国民士気の昂揚《こうよう》とか生産力の向上に重点をおいてゐるのであるが、若し行き過ぎがあれば充分注意する……何《い》れ《ず》にしても国民生活に暗い気持を起させないやう今後とも努力する」と答弁した。続いて質問に立った黒田新一郎議員は、闇問題について「今では利欲のためにのみ闇をやつてゐるとはいへない。生産のため、生活のため不本意にも闇をする」と発言した（信毎一九・一一・三〇）。

野菜不足の中、各地で野荒らしが頻発していた。戦時刑事特別法では「戦時に際し灯火管制中または敵襲の危険その他人心に動揺を生ぜしむべき状態ある場合」に窃盗を犯すと、それまで一ヵ月以上一〇年以下の懲役であったものも、無期または三年以上の懲役が科されると県刑事課は警告していた（信毎一九・九・二六）。

## 豊かな生活への願望

十九年十二月八日の大詔《たいしょう》奉戴日《ほうたいび》（開戦記念日）、『信濃毎日新聞』は記者による時評の場で、この日を機に我々の生活におけるすべての欲望を抑え、勝利の栄光を目指して再出発しようではないかと呼びかけている。「すでに生活物資が全面的に配給制度によつて賄はれてゐるが、巷間《こうかん》寄ると触ると話題が物資の不足と粗悪を俎上《そじょう》にした不平不満に満ちてゐる」、しかし「戦争にも勝ちたい、生活も豊かでありたい――とはあまりに、虫がよすぎる話」で、「そんなあまい欲望を充たしてくれるやうな生やさしい戦争ではない筈だ」、勝つために我々はあらゆる欲望を抑えて戦い抜こうと。戦争が庶民の「豊かな生活」への願望を限りなく押しつぶし、至るところで不平不満が噴出していた。表立って物言わぬ、あるいは言えなかった人々が、戦争に勝つことか、豊かな生活かのどちらかを選ぶとしたらどうであったろうか。「非国民的言辞を弄《ろう》し人心を惑乱《わくらん》した」と検挙された上伊那郡の農業者男性（六三歳）の、「いつまでもこんなことが続いてはかなはぬ。早く戦争がどうにかなつてくれねば困る。どこの政治になつ

図6　疎開学童が遊んだ着せ替え人形（せたがや平和資料室所蔵）

ても同じことではないか。日本が負けるならば負けるもよい。アメリカは物資が沢山ある」との発言は、大胆すぎた本音の吐露であった（信毎一九・五・三二）。

**市営製炭**　十九年の盛夏、県内六市は冬の燃料事情は容易ならぬものがあるとして、県の指示を受け「市営製炭」の準備に入っていた。

六市にとつても容易ならぬ事業である。由来自治体の事業はといふと水道とか病院経営の程度——こんどの様に事業としても特に厄介な仕事をやつたことはない。だが容易でない事業だからこそ市がやる。さうして今後とも六市及び消費度の高い町村では地区内の増産民生をシッカリと築き上げるために、かうした困難な収支償《つぐな》はぬ仕事を引受け、或ひは世話をしてゆかなければならぬ（信毎一九・八・一八）。

松本市では、明春三月までに五万貫を目標とする製炭計画が立てられた。ただ、その製品は公定価格より一俵につき、二円二、三十銭高くなる見込みで、市民に対しては公定価格で配給し、不足分合計約一万四、五千円は市費で補給するという（信毎一九・八・一八）。いずれの市も赤字を覚悟の事業であった。その結果について、岡谷市の例を挙げておく。

八月着手して二ケ月間は山を見つける、小屋掛け、窯《かま》の築造、各区への人夫割振りなど、初めてのことゝて思ふやうに進まず、隣組の勤労奉仕を得て製炭を開始したのが漸《よう》く十月中旬、この間人夫が素人のためいろ〳〵の障害が起り、一月末までに二万貫の製炭を目指したが四分の一の五千貫しか焼けぬといふ始末。ことに製炭場が市から往復六里といふ遠隔地で、搬出は隣組に何名といふ具合に割当てゝ奉仕でやつてゐるが、お互に遊んでゐるものはないので、搬出人夫を出すのに隣組では一名に十円から十五円といふ闇賃金の負担をしてゐる。従つて公価より非常に高いものになる。……このようなことでは市や市民の負担が徒《いたず》らに増大するだけだ（信毎二〇・二一・二四）。

以上は県への批判を込めた、岡谷市担当者談である。岡谷市の場合、公定価格の三倍にもなったという。岡谷市、諏訪市は、市有林を開放し、町内会単位のバラ炭焼きで不足分を自給するよう奨励した。諏訪市は「霧《きり》ケ峰《みね》の腐植土でタドンを作るといふ奇想天外な」計画も並行させていた（信毎一九・一二・二八、同二〇・一・一五、二一・二）。岡谷、諏訪地方は工場地帯であり、各工場が燃料調達に奔走する結果、一般市民用を圧迫していた（同二〇・五・七）。

## 木炭・薪

十九年四月から十一月までの六市の木炭配給量は、絶対必要量に対して上田市四二％、長野六〇％、松本三一％、飯田七〇％、諏訪六九％であったとある。長野市の実際はこれより少ないのではないかといわれ、松本市は補助燃料として煉炭、タドンが相当配給されて木炭の不足を補っているので、この数字ほどではないという（信毎二〇・一・九）。もっとも、松本市民が煉炭を入手するのも楽ではなかった。

松本市では、家庭用煉炭の配給には各町内会からの労力勤奉を条件としてゐる。煉炭工場へ出動して作業にたづさはらなければ配給を受けられぬといふわけだ。このため何処《どこ》の家庭でも手不足なところを煉炭ほしさに、それも一ケ月やつと一袋十四個を入手したいばかりに無理をしても、多くは家庭婦人が出動してゐる（信毎一九・一二・二）。

その動員手続きや、町内ごとに異なる日当、前金制など様々な問題点が、右の読者投稿で指摘されている。

十九年十二月までの木炭生産量は、前年比二割前後の減少であった（信毎二〇・一・二）。「根本的隘路《あいろ》は何と云つても薪及木炭の価格が生産費と引合ぬと云ふところに存在」し、「木炭の生産は薪の生産より更に勘定に合はぬ」ことであった（同二〇・二・九）。製炭業の従事者は急速に減少し、壮年から老年へと高年齢化し、女性従事者も増加していた。政府の助成金、県の製炭窯築造助成金、消費者負担による感謝報奨金なども功を奏していなかった（朝日一九・九・二七他）。

「県では農閑期の一月から三月までに一気に目標を完遂しようと各町村へ檄《げき》をとばして」いた。上水内《みのち》郡北小川《おがわ》村では割り当てられた量の木炭供出に、全村一丸となって奮闘していると伝えられている。

奥山はもう雪が深い。峠の雪道はソリの通行さへ許さない……村人はまだうす暗い早暁から、凍《い》てつく峠道を背負子《しょいこ》に束ねた重い炭俵を担つて、脛《すね》までつかる雪道を泳いで行く（信毎二〇・一・一）。

長野市への疎開学童の燃料確保のため、十二月下旬から上高井《たかい》郡の山中で、長野刑務所受刑者二〇人が風雪を冒して築窯、ついで炭焼きに動員されていた（信毎二〇・一・二）。生産後も障害が待っていた。

松筑地方の木材、木炭、薪などの出荷状況は一向活発化を見せず、輸送力の低下と伐採、生産現場が漸次《ぜんじ》山の奥へ移行してゆく関係から、到るところ滞貨の山で、貨物自動車は老朽により故障続出し、出動車の輸送率は逐次低下し生産出荷の重大隘路《あいろ》となつてゐるので、松本署では一月早々を期し、管内の荷牛馬車、駄牛馬、農耕牛馬を総動員し、……一方最近ことに夥《おびただ》しい闇流しの一斉取締り摘発を行ひ決戦資材の確保に乗出す（信毎二〇・一・一二）。

東京の燃料不足が伝えられ、十九年十二月には県内で約八〇万束の農家保有薪非常供出、さらに二十年一月には八八万八〇〇〇貫の木炭を非常出荷する木炭増産増送運動が展開された（信毎二〇・一・一四）。県内も燃料不足に苦しんでいた。「薪が不足で困る——といふ声を県下の市街地で聞くやうになつた。一月から二月といへば、高原信州にとつてはもつとも燃料が要る季節であり、しかも林業県として自他ともに許す本県下で、何故そんな声を聞かねばならぬのだらうか」との問いに、県林務課は「生産割当量は県民一般用二千二百万束、工場業務用八百万束などあるのに対し、四十二％程度の生産があつただけで、労力不足のため順調でない。工場用は約二百万束の手当てが出来たが、一般用はそれに比べると極めて悪く、山元滞貨も上水内郡戸隠《とがくし》村三万束その他数十万束を算してゐる有様で、消費者に不便を与へつゝあることは遺憾だ」と答えている（毎日二〇・一・一六）。木炭もなかった。「寒い冬を迎へてどこの家庭でも炭の不足に困り抜いてゐるが、特に病人や子供の多い家では、一ケ月八百匁や一貫位の炭では月に十日も炬燵《こたつ》の火さへ不足がちで、僅かに窯の下の残火で寒波をしのいでゐる」状況であった（信毎二〇・一・一九）。この冬は寒波に見舞われ、例年にない大雪であった。

「雪深くとぢ込められた長野市の燃料事情は新年になつていよ〳〵窮屈となつて」、県と市などは緊急対策を協議、上水内郡柵《しがらみ》村、鬼無里《きなさ》村村民と馬、そりの動員、県庁の八〇〇名やその他の職場からの勤労奉仕で薪や炭を運び入れた（信毎二〇・一・二五、二七）。「さきの木炭非常供出で地許の燃料が相当窮屈になり、飯田市では今春になつて非常用に秘蔵してゐた三千俵を投出して当面をしのぎ」、さらに寒さが続くため、三里余り先で滞荷している木炭四〇〇〇俵の搬出を市と翼壮が計画していた（同二〇・二・二四）。この冬の豪雪で原料炭の入荷がなく、長野、松本、上田で、二月にはガスの供給が一時制限、停止された（同二〇・二・五〜一四）。

燃料不足で浴場の休業が多くなっていた。一日おきに休業し、上がり湯もほとんどなくなどと記者は不満をぶつけている。

最近の風呂屋の混雑ぶりは〝芋を洗ふやうだ〟などといふ朗《ほが》らかなものではない。殊に県下で最も甚だしいといはれる長野市の場合は全く殺人的だ。裸になつて湯槽までどうやらゆけたが何としても入れず、寒さに震へながら再び着物をきて家へ帰つた老婆、子供連れの奥さん方の困り方も相当だ。湯が少くその上ぬるくて風邪をひいたとか、衣類、下足が頻々《ひんぴん》と盗難にあふとか、警戒警報発令で突然真暗にされて面喰ふとかいふ例は各地にすくなくない。……巷《ちまた》の声に応じ県経済保安課では、この程長野市浴場組合長を招んで厳重警告を発したが、浴場の市管理、または市営制も考慮されてゐる（信毎二〇・一・二二）。

工場などは業務用薪炭をそれぞれで調達することになっていたが、必要量を確保できず、生産能率を低下させていた。埴科《はにしな》地方の軍需工場は「燃料不足のため一部運転休止、又は生薪で補給するため、工員中眼や咽喉を侵されて病気欠勤する者が続出、生産力に大きな影響を与へてゐる」という（信毎二〇・一・二六）。一方、上田・小県《ちいさがた》地方では工場周辺の生産地から闇の薪が工場へ流れ込んで一般民需用に影響を与え、生産地二五ヵ村中一一ヵ村が割り当てを達成できなかった。諏訪地方も同様で業務用に流れ、「昨冬から今春にかけて諏訪郡下は甚しい燃料飢饉を招くに至つた」とある（同二〇・五・七）。

# 疎開の重荷――昭和二十年前半

## 春先の野菜

冬越しの用意に貯へた野菜類ももう残り少くなり、家庭によつては台所の調理に悲鳴をあげてゐるものもある。……牛蒡《ごぼう》、人参《にんじん》、長芋なども今年は例年にない大雪のため、町村農業会で必死の供出督励を行つてゐるにもかかはらず、まだ一本も集荷出来ない状態だ。毎年一月に入れば出廻つたほうれん草も、出来高が少いため今春は家庭の食膳に上るのは先づ望めないと云ふ（信毎二〇・一・二五）。県農業会は隣県からの入荷を交渉中とあるが、いつ入るかの見込みはつかなかった。上田市では野菜が「今年になつて一回も配給のない窮状」にあった（信毎二〇・二・一七）。また、「副食物の不足から、味噌のごとき、自然、配給量を食ひこみ、次の配給までもたない家庭が多い」という（同二〇・二・五）。

乏しくなればなるほど登場してくるのが、悪平等是正論、すなわち徹底的平等論である。『信濃毎日新聞』記者時評は次のようにいう。

何故味噌のごとき日本人にとつて米についで大切な食料を一人一日九匁と画一的配給をしてゐるのだらうか、といふことだ。むかしから市街地の人は塩甘なものが好きで、お百姓料理は塩辛いが通り相場となつてゐるやうに、都会と農村は味噌、醤油の消費量が違ふ。甘い辛いは口の習慣のみでなく、はげしい労働をするものほど塩分を欲するのは生理的からきてゐることはいふまでもない。また、大人と子供ではかなりの差があることも当然とすればいまの配給基準は明かに悪平等といへる。従つて東京、大阪、名古屋のやうな大都会と地方は配給差をつけるとか、地方でも筋肉労働者と普通人、大人と子供といふふうに配給量を違へたらどうか（信毎二〇・二・九）。

## 市政の変化

野菜や燃料不足で各市が対処を迫られ、経費が膨張していた。市行政に市民が期待をかける一方、その方法、成果への批判を受けることになった。

松本市では前年末の白菜配給以来、配給が全くなく、市民から、市が昨年十月に一人一日八〇匁配給を目標に、向こう六ヵ月分として全戸から徴収した出荷助成金はその後どうしたのかと、市長宛に連日投書が寄せられていた。これに対し、市経済課長は次のように語っている。

助成金は、実際配給のない場合は返還するといふ条件付で七万七千円は手をつけず保管してある。正月以来約三ケ月は野菜がないからと、昨秋声をからして大根、漬菜、白菜などを買つて貯蔵するよう呼びかけ、最後には捨値同様になつたのに買はずにゐて、現在なくて困るといつてゐるのは余り考へがなさすぎる。助成金も生産地に品がないのだから活用できぬ有様だ。三月下旬まで隣組で融通し合つて待つて欲しい。今春は玉葱、沼目越瓜《ぬまめこしうり》、不断草、山東白菜などの種を全市の非農家一万五千五百戸へ家庭菜園用に無償配給するから、たとへ百匁でも多く収穫し、生産地のみにたよらず自給自足態勢を確立して欲しい（信毎二〇・二・二八）。

長野市の場合、前年秋の野菜対策に二ヵ月で約五〇〇〇円のほか、市営製炭や燃料搬入手当てで相当額の市費を費していた。加えて春以降の野菜集荷費、さらに燃料や防空対策に市民の寄付を二次、三次と求める可能性が出ていた。野菜集荷費は年額一戸一円および一人二円ずつ（五人家族の場合は一一円）と決まったが、その後市内農家から異議が出され、農家は一般の半額となった。また昨年十月以降に長野市へ転入した者は半額、九月以前に転入した者は在来市民と同額の負担となった。「この寄付に関連して、従来市会偏重的な組織となつてゐた市重要物資配給委員会を改組し、実際に配給の実務に関与し且《か》つ市民生活を直接に差配する区長を多数とり入れ、生必品確保基金の運営、配給物資の操作配分などについても地についた施策を進める」という。この寄付金は、資力によって差がある市民税とは異なり、一律的負担であるから、それだけに全市民的了解や関与が必要であった（信毎二〇・二・二五、四・一九）。

上田市でも生活必需物資の配給業務が地方事務所の手を離れ、県直接の指示のもとで操作できるようになったのと、このところの食糧・燃料事情を踏まえて、「市政の重点を市民の生活安定にそゝぐ」ため、「市民生活安定委員会」を設立、「委員には市会、農業会、翼壮、日婦などの代表者は勿論、関係配給業者をも委嘱《いしょく》」する予定であるという（信毎二〇・一・八）。市民生活の基盤である食糧、燃料、諸物資の安定確保、公平配給に向けて、広く市民各方面の了解、参加、協力を取りつけねばならなかった。この頃の各市は食糧、燃料対策のほかに、糞尿処理施設、火葬場・葬儀場、浴場、あるいは結婚式場など公共施設の設置・拡充、管理・運営をも求められていた。さらに公共防空施設建設問題も急浮上してきていた。

### 疎開者と野菜

疎開者の入県が目立ち始めたのは、十九年三月以降であった。松本市を例に疎開者数をたどると、十九年六月十日現在五〇二世帯一五四三人（一世帯当たり三・一人）、年寄りと子供が絶対多数であった（信毎一九・六・一二）。この年の十二月末には一〇五一世帯三一四八人（一世帯当たり三・〇人）になっていたから、半年で倍になったわけである（同二〇・一・一二）。ことに十一月二十四日、東京が本格的な空襲に見舞われてから急増した。その大半が東京都からであった。さらに二十年三月十日の東京大空襲後、三月下旬、四月、五月を頂点に激増した（同二〇・八・五）。二十年六月一日現在松本市に入った一般疎開者は三三〇六世帯八九五〇人、戦災者一三三二世帯三二二五人、合計四六三八世帯一万二二七五人（一世帯当たり二・六人）で、その八割以上が縁故関係へ同居していた（同二〇・六・八）。二十年一月以降の五ヵ月間で前年に比べ、世帯で四・四倍、人員で三・九倍の流入をみたことになる。昭和十五年の松本市の人口は七万三〇〇〇人ほどであるので、一・二倍弱の人口増加であった。長野県全体では、十九年二月に約一六五万人であった人口が、二十年十一月に約二一二万人（男九七万人、女一一五万人）と、四七万人増加していた（ただし、復員軍人、海外引揚者、動員解除者も含まれる）（毎日二〇・一一・二二）。世帯数は三三万から四〇万へと、七万世帯の増加であった（信毎二〇・一二・二）。

入県した疎開者をもっとも当惑させたのは、肉や魚はともかく、野菜が入手困難なことであった。二十年一月、松本市における疎開者代表二〇名（うち女性一〇名）と、市長、警察署長らとの懇談会で話題が集中したのは、生活物資の配給問題であった。「決戦下のことゝて贅沢など申さぬが、野菜と魚類、ことに野菜の配給の少ないことは案外で、東京等とは比較にならぬ稀薄で、土地の農家に縁故もない東京あたりからの疎開者にはこれが一番困ることだ」、「配給状況は東京より悪い。もつと円滑に頼みたいといふのが出席者全体の声」であった。女性側からは「お産の場合や乳幼児のある家庭で、薪炭に困り果て、ゐるが何とかして貰ひたい。馴《な》れない信州の寒気で、赤ン坊のおしめも乾かすことが出来ないと痛切な要求」が出ていた（信毎二〇・一・一二）。

しかし、野菜の配給は依然滞っていた。東京大空襲後の罹災者、疎開者受け入れにあたって、県食糧課の技師は語る。

青果は農村地帯に入つて頂いた方はさほど御不自由はないが、都市に入いられた方は現在かういふような深い雪だから、十分差上げることは出来ない。……六大都市に対しては全国から責任供給してをるので、東京にをれば必ず青果は或る程度確保される。魚も長野県は少い。非常に少い。さういふわけで動物蛋白や青果の給与は、毎日或量確保されるといふことは、現状の長野県においては非常に苦しい。どんなものが配給されても我慢をして頂きたい。県民もみんな我慢をして貰つてゐるんですから……

（信毎二〇・三・一九）。

県知事の談話も同様であった。

この際一段の注意を喚起したいことは、先づ受入人口の増大にともなひ、一般的情況から食住ともに充分の余裕を期し難いことである。勿論主食については絶対に配給規定量を割ることはないが、野菜とか魚類とか元来本県は寒冷地なるため、冬期におけるこれらの配給は極めて困難なる事情にある。だから都会を離れ田園に来たからといつて、時と所を問はず、充分なる食生活ができるといふ予想のもとに、現在の配給に対し不平不満をもつことのないやうに望む。同時にこれからは春の耕作期となるから、野菜類の如きものは必ず自給するの覚悟をもつて関係当路者と充分連繫の上働くやうにされたい。次に空襲を逃れて農村の安全地帯に来たからといつて、相変らず都会人の服装、態度をもつて、食糧増産に敢闘してゐる農民の間をブラ〳〵無為に歩き廻り、農民の生産意欲を阻害するやうなことは厳に戒めなければならない。否進んで心も態度も服装も農村人になり切つて戦力増強に寄与するやうに……（信毎二〇・四・一九）。

疎開者の八割までは老人、女性、子供であったという（信毎二〇・四・二五）。といっても、縁故をたどり早期に疎開した者、事前に家財を疎開させてあって「金と物」を持つ者、焼け出されて身一つで避難した者など様々であった。いずれにしろ野菜の買い出しは行わず自給するか、農家を手伝って入手すべきであり、労働力不足に悩む農家への積極的協力が期待されていた。あるいはまた男性はもちろん、若い女性などは、一日も早く新たな職場を見付けて就労すべきであると促されていた。この当時、働ける者にとって就職先を見付けることは容易であった。ただ、「生活費は東京より寧《むし》ろ信州の方が高いとさへ思はれるのに、給料はケタ外れに安く、場所も交通の便が悪く」という問題があり、かといって自身が東京に残っても、二重生活が負担となって家族を養っていけないというのが「工員の最も大きい悩み」であった（同二〇・八・五、六・二七）。「松本工員生」と名乗る投稿者は以下のように訴える。

私は一家を引き連れて信州へ疎開した工員であるが、生活費の矛盾に悩み、改めて「どうしたらよからうか」と迷つてゐる者である。信州へ疎開すると共に私は再び工員として工場に勤務した。ところがその工場では、「東京より生活費が少なくて済むので、従つて報酬も低額でよからう」と、東京時代の三分の二の日給しか呉《く》れない。ところがである。家賃だけは大差がないが、日常必需品の購入費は東京とは比較にならぬ程要し、それだけを支出しなければ信州では食つて行けぬ状態なのである。それは東京では大体配給品だけで生活でき、収入もそれに準じてあれば充分食つて行ける。それに反し、信州では配給品をアテにしてゐたでは最低生活もできぬからである。疎開一年、いまだ野菜は一度も配給がない。一年も野菜のない生活は誰も想像できまいと思ふが、その野菜を食ひたいために少い収入の三分の一を毎月支出しなければならないのだ。これは一例である。東京在住時代、一家五名の私は月二百円の収入で月五十円の貯蓄ができた。信州では百三十円の収入でどう切りつめても七十円は不足なのである（信毎二〇・四・二〇）。

地方都市においては、副食物配給の乏しさが工員や下級俸給生活者の家計を圧迫していた。疎開者にかぎらない共通の悩みであった。

## 拒絶反応

二十年三月の東京大空襲後の急激かつ大量の疎開者・罹災者流入をみて、迎え入れる人々の間に、主食二合三勺の配給が一合八勺に減らされるのではないかという不安が募っていた（信毎二〇・三・二二）。「戦災者が入込んで来ると、足りない物資がなほ足りなくなる」、「こんなに戦災者がきては地許の物資が不足して困る」との口吻《こうふん》を漏らす者もあった（同二〇・四・一五、三〇）。

『信濃毎日新聞』コラムは、農村部が疎開者を収容すべきであると主張する。

現状でさへ、地方都市の食生活は、限界線へきてゐる。住居は間借りで詰め込むとしても、食糧操作はいよ〳〵難物となるだらう。しかも地方都市生活たるや、恐らく生産面に寄与するところすくないであらう。……不生産的で食糧が乏しければ、たゞ近郊への買出しに右往左往し、闇生活を激成する結果となる。……故に疎開者はできる限り農村へ収容すべく、村々へ適正に割当てる計画を緊急に樹《た》てるべきだ。概して農家は間数が多い。……とにかく労力逼迫の農村は、たとへ女手の一人でも助かる筈《はず》である（信毎二〇・三・一三）。

松本市では「現在の諸収容力は住宅、配給、待避、生産など防空的に見てもほとんど飽和点に達してゐるので、この際思ひ切つて満州へ帰農疎開すべきではないかとの真剣な声が、区長会はじめ市民の間にあがつてゐる」という（信毎二〇・三・一六）。

各家で疎開者を受け入れようという場合、まず第一に食糧であった。「疎開の人を同居させるにしても先だつものは毎日の生活必需品、特に食糧の手配が気がゝりで腰がきれない。自分だけでも相当苦心してゐるのを、転入者の分まで面倒をみなければならぬとすると大変」であった（信毎二〇・三・三一）。受け入れたとして「二合三勺の米と僅《わず》かな味噌や醬油の配給量だけで、一切合切《いっさいがっさい》家人の世話になつてゐると、第一お互に気まづいことが起り易い。親子の間でさへ、永く一緒にゐると時には感情のもつれが起る。ましてや遠い親類や義理の兄弟はなほさらのことだ」といわれていた（同二〇・四・一二）。

疎開者は食糧を入手するための買い出しに出かけざるをえなかったが、地方人とは服装や髪型、それに言葉が異なる彼ら、ことに女性の姿は人目を引いた。豊富な現金で買いあさって野菜の値をつり上げるとか、出回りを妨げていると恨まれた。また、現金を持参した疎開者の居食いが、地方にインフレを浸透させる要因とも指摘されていた（信毎二〇・

五・二一他)。これらの非難に対する疎開者側の抗議を紹介しておきたい。以下は、下高井郡下で聞いた声であるという。

何処にも知人はない。仕方がないので買出しに出るが、農家へ行くと焼け出されたわれ〳〵に、衣類を持つて来いとか、油、砂糖が欲しいと言ふ。……最近野菜泥棒が殖え、方々で馬鈴薯や玉ねぎが盗られた話をきく。それが又決つて疎開者だと言ふ。実に耐へられない。たとひ百匁でも野菜が適正に配給してもらへれば、私達は農家の邪魔をしてまで買出しに出たくない。中には疎開者をねらつて法外な闇値で野菜を専業に売つてゐる者もある(信毎二〇・七・三一)。

野荒らしが各地で頻発していたが、とかく疎開者がうわさに上りがちであった(信毎二〇・八・二)。勝ち抜くための疎開なのであるから、農村人も疎開者も「お互が戦友愛を示し」、「日本人同士が苦しみを分け合ふ心」が必要である、「温い愛情、これが互の不平不満を無くすいちばん良い方法だ」とは、中野町疎開者相談所談であった(同二〇・七・三一)。

## 続く野菜不足

春蒔野菜の種子も不足していた(信毎二〇・四・三)。四、五、六月は農業会が割り当てた量の八〜一〇%程度しか集荷できなかったらしく、しかも「このうち一般配給となつたのは半分程度で、あとは大口消費へ廻つた」とされ、

「市街地の野菜の配給量はこゝ数ケ月、日に一人僅か八匁だの十匁だのといふ」状況であった（同二〇・七・七）。一般の疎開者のほかに、二十年春以降、県内各地へ軍の移駐や、軍関係施設、軍需工場などの疎開が相次いでいた。松代《まつしろ》大本営、松本飛行場、軍需工場の半地下工場など大規模な建設工事も進められていた。

「東京周辺の蔬菜《そさい》生産地では、肥料にでもするほか始末つかぬ位の洪水状態だといふが、むろん反動としての逆現象は、信州のやうな疎開請入れ地帯にあらはれるや必定だ。今後食糧問題が、地方中小都市に於て、もつとも鋭角的な形をとるだらうとは、すでに一般の予感するところ。……市民各自が肩と足で運ぶものすら一段と乏しくなり兼ねないことは、誰人も無関心たり得まい」と、『信濃毎日新聞』コラムは野菜の東京への一方的流入を改めるべく、価格決定権の中央から地方庁への移譲を求めている（信毎二〇・五・六）。地方の負担は限界に達していた。

県内へ転入する疎開者は最近頓《とみ》に増加してゐるが、受入れにまだ余裕が残されてゐるかどうか。主要食糧は政府の別途配給によつて直接本県には負担がかゝらないとしても、住宅や蔬菜の需給関係からしてそろ〳〵飽和点に達してきたのではないかとみるむきが強い。県兵事厚生課の調査による住宅をみれば、一人六畳宛《ずつ》とみて三月末現在では六万人位の収容能力を持つてゐた。それが五月末にはこの収容能力の倍近い十二万人が転入してゐるとみられ、また野菜の供給も極度に窮屈になるものとみられる。すなはち二月にたてた野菜生産計画は七十万人を配給対象としたのであるが、人口増によつて、その後百万人から百二十万人を対象とする生産計画に改められた。しかし実際には甘藷増産による作付転換で野菜栽培が縮減、このため相当不足するのではないかとみられ、目下これが対策として野菜の自給自足態勢と未利用資源の食糧化に努めてゐるほどだ。また動物蛋白の割合にしても政府が四半期割当としてゐるため、割当々時の人口と三ケ月後の人口に大きな開きができ、供給難となる傾向が強いので、最近では常に配給難の実情にある（信毎二〇・六・一五）。

要するに、これ以上の受け入れは不可能だと言いたいのである。

需要と供給のバランスがとれているといわれていたお茶も行列買いが止まず、ついに二十年四月から配給制となった。それはなぜか。

野菜をはじめ生必物資の需給が窮屈であり、配給だけでは到底足りない地方都市の生活内情は、勢ひ縁故や情実や紹介や便宜供与の筋をたぐり、或ひは手土産をたづさへて融通をつけるのが暮し向きの常識である（信毎二〇・四・六）。

都市は農村より商店が多く、距離的にも近い。商店街から商品が姿を消していた中、わずかに残った自由販売品を都市の人々が争って入手し、それを食糧と交換していた。お茶にもそのような役割が担わされていたのである。農村の人々が食糧以外の商品を入手するのに、行列もできず配給もないとすれば、食糧と交換するしかない。作業衣を繕《つくろ》う布地にさえ窮していた農家にとって、疎開者の持参する衣類は何といっても必要な品であった。

二十年春は塩の不足も前面に出て来ていた。漬物汁や沢庵《たくあん》漬の米糠を、再利用する覚悟で大切に保管するよう全県民へ通告するという（信毎二〇・四・七）。結局、一般家庭用一人一ヵ月二〇〇グラムは維持されたが、その他が大幅に減配された。醬油用、漬物用が停止となり、味噌用も二キロから一・五キロ見当で、それも農家と山仕事に携わる者に限っての配給方針となった（同二〇・五・八）。各家に冷蔵庫のなかった時代、食品保存用の塩は現在よりも大量に消費されていた。六月には県の積極的援助のもとに、自給製塩計画を統一的に進めることとなった（同二〇・六・二三）。醬油の配給量は五月から一人一ヵ月二合に、味噌は七月中旬、従来より三〇匁減の二四〇匁となった（同二〇・六・二二）。お茶の代用品として、桑の外皮から作った桑茶がすでに相当量県内に出回っていた。県はこれにも公価を決定した（同二〇・七・六）。

## 主食の切り下げ

端境期に向かうにしたがって、米の配給状況は悪化の一途をたどった。

二十年四月二十五日から主食の三割は大豆となった。「昨年とはちがひ、今度は相当長期間にわたつて配給される模様なので、これが煮炊きには一段と研究が必要だ……如何にして軟くするかゞ当面の悩みだ」とある（信毎二〇・四・二五）。「配給日になつても、現物がないと云ふ理由で、米の配給がない日が三日続いた。……配給所の帳面ヅラでは、確かに滞りなく幾日分かの米が配給されてゐることにはなつてゐるが、消費者の方では、中間に二日も三日も米のない日が続いてゐる訳で、もと〳〵足りぬこの際、どうして食つて行けるだらうか」と遅配を訴える投書もみえる（同二〇・五・八）。

また、食堂に行列ができるようになった。

長野でいへば二、三月頃まで立ん坊はなかつたが、最近では昼食のため九時頃から蜿《えん》蜒《えん》長蛇である。無理もない。地方都市の配給は一段と苛烈であるのだ。そこに立並ぶ人々は、大家族人か、弁当持を送り出した残留家族か、いづれにしても自由取引の方途を持たざる、むしろ正直ものである。きのふは、此の電柱のところで喰へたが、けふははたしてアリつけるかどうか、などと列の人数を目算してゐる（信毎二〇・五・一二）。

松本市や諏訪市でも食堂前の行列が、最近甚だしくなったという（信毎二〇・五・一六、一七）。

二十年七月三日、主要食糧配給量を七月十一日より（大都市は八月十一日より）、十月まで一割節減することが発表された。七月六日の『信濃毎日新聞』は、「勝利の日まで節食生活」の見出しでこの問題を大きく取り上げている。「開戦以来全力を戦争一本に集中し、勝利の日までと耐乏生活をつゞけてゐる全国民にとつて、この大きな食生活の痛手が何によつて原因されたかは今さら説明する迄もなく、目下の戦局を直視すればはつきりうなづけるはずである。だが大きな痛手だからといつてこれ位のことで参つてしまつてはいけない」、残された方法として第一に増産である。人手、肥料、農具が足りないといっても農家の奮起にまつものは多い。都市生活者も「相次ぐ敵襲で内地相互間の食糧交流はおろか、地域の交流さへ時には脅《おびや》かされ易い現在では」、野菜の自家生産を行うべきである。次に各家庭では調理の合理化（炊き増えを多くする炊飯法、捨てていた部分の利用など）、共同炊事、完全咀嚼《そしやく》などの工夫が大切である。第三に未利用食糧資源、すなわちどんぐり、野草、甘藷のつるや葉、桑の葉、澱粉粕《でんぷんかす》などの活用で不足を補うことを勧めている。

一方、同日の紙面は、食糧不足による市街地児童らへの深刻な影響を報じている。長野市城山《じょうやま》国民学校の調べでは「平均体重五キロ減、胸囲は狭まり、身長は殆《ほとん》ど停止してゐる」状況で、校長は「月例身体検査のたびに体位が落ちて行くのを見ると、身を切られるやうにつらい」と語る。対策として五月以来午前のみ授業を行い、一、二週に一度休校して休ませるほか、児童の手で山野草を集めさせ、また校庭など一一ヵ所を耕作して雑穀、いも、野菜の収穫を期しているという。これにも三割余の供出割り当てがついていて、

「子供達の手で作つたものはみんな食べさせたいものだ」と校長は訴えている。北安曇《あずみ》郡木崎《きざき》湖畔に世田谷区から疎開している学寮の事例も取り上げられ、四月以降、食糧不足と過労で体位低下の傾向をたどっていると伝えられている。

翌七月七日の同紙は、主要食糧の抱き合わせが今後どうなるのかを県食糧課に聞いている。いも類が出回ればいも六、米四となろう、「いづれにしても大豆やイモ、麦類の配給量が多くなつて食糧事情はいよ〳〵窮屈となることを覚悟すべきだ」との答えであった。一ヵ月後、「長野あたりでは、米半分に大豆半分の振り合ひとなつたが、東京や名古屋の大都市では、米の割合を三割程度に維持すべく懸命の状態だ」とある（信毎二〇・八・九）。

### 出回らない夏野菜

七月も初旬を過ぎ、夏野菜が出てもよい頃になっても、姿を見せないという知らせが、更級《さらしな》郡、下高井郡、伊那町、下水内《みのち》郡などから相次いでいた。長野市もあるかなきかであった。八月も同様で、郡部の小都市にまで及んでいて、野菜泥棒の話題もこれに並行していた。

蔬菜の作付面積は昨年の六割、主食と違つて責任供出制でないため、農村もいろ〳〵な関係で野菜は自給程度といふところへ落ちこんできた。加へて消費面は軍や工場の重点配給に相当量廻してゆかねばならないし、三月以降は疎開やら何やらで野菜の配給人口は二倍以上に増えてゐる。それにこの疎開人口の約半数が農村へはいりこんで、直接生産地で野菜を消費してゐることも出廻らない大きな原因の一つだ（信毎二〇・八・八）。

昨年との違いは野菜作付面積がさらに縮小したこと、疎開転入によって消費人口が急増したこと、その反面県外出荷は停止しているとの条件下で、農家に残された少量の野菜を丁寧に集めるしかないとの結論であった（信毎二〇・七・一八）。

たとえば自由販売の一つとして振り売りを許可したらどうか。しかし、とかく「振売りを要求する者はといへば、野菜と交換するモノを持つてゐる者、顔役、金のあるものといふことになり、縁故販売になつて公平が期し難い。それにこれが主食の闇にまで発展する懸念」があった。では「価格を公定で押へて農業会が自由市場を開いたらどうかといふ声――これも農村労力方面と公定価格の点で物が出て来ない」、それでは「価格を自由にしたらどうか。これも生産こそ多少助長されるかも知れないが、国民生活の秩序がくずれ俸給生活が出来なくなる虞《おそ》れがある」、つまり「配給に多量の自由取引品をまぜて、辛うじて生活を維持してゐる現状下において、モシも統制力が弛緩《しかん》し、自由取引の面が拡大するならば、空襲インフレ激成の成行《なりゆき》と相まつて、下級定額生活者を脅威すること深刻」、というわけで「徹底的に集荷する」、「これが需要を満たす残された道」であった（信毎二〇・八・八）。

## 農家の声

　農作物供出に関し、農民の寄せた投書を拾ってみる。

　村の農業会では「何月何日何を何十貫午前十時から午後三時までに何駅へ出荷すべし」と突然に申しつけてくる。しかも小さな藷は駄目だといふ条件である。お国のためと信ずればこそ、不服もおさへて頑張つてはゐるが、安い藷や野菜を供出するのに尊い労力と運ぶ手間をかけ、おまけに時間すぎだなどと叱られ、代金の支払は手間どれる。これでは成績の上らないのも無理はない（信毎二〇・七・一五）。

農民として現在金の入る途は農業会に出荷する物資の販売代金以外には何もない。これが配給品の購入金であり、貯蓄割当の消化源泉でもある。ほかの村は知らぬが、私の村では本年二月一日までに供出した薪をはじめ、三月の大麻類等の精算もついてゐない。これでは百姓はほかに収入はないのだから、つい闇でも売つて現金をつくるより仕方がなくなる（同二〇・七・二九）。

「また貯金や国債が来たから、何か闇で売らなければならぬ」といふ声を農村で聞く。実際農民は全部供出すれば現金がなか〳〵手に戻らないのだ。おまけに昨年の甘藷を例にとれば、一反歩収量四百貫で結局六十円の損をした。これは運賃と俵代とが意外に高かつたためである。農村の闇売りをなくするためには運賃や俵を国で負担し、かつ現金支払を迅速にすることだ（同二〇・七・二九）。

食糧増産が、戦時下農村の最大使命とされていた。しかし基幹労働力の青壮年男性を戦場や工場へ動員され、農耕馬も軍馬として徴発されていた。農業労働力の不足は深刻で、共同作業による効率化が推奨され、市街地住民、生徒、児童の勤労奉仕が行われた。日中戦争後、工業化の進展につれて兼業化が著しく、ことに昭和十七年以降、県下へ軍需工場の疎開が相次ぎ、また一層工場へ青壮年を吸収することとなった。賃金の高さはもちろん、応召した場合も家族に休職手当が支給されることも魅力となっていた（信毎一九・一〇・二四）。十九年には兼業化にブレーキがかかったが、十六年以降でみると、農業を従とする第二種兼業農家の増加が目立っていた（小林論文）。『信濃毎日新聞』社説は「専業農家を維持せよ」と主張するなど、耕作への熱意を喪失した「職工農家」、「飯米農家」、「惰農」の増加と、食糧増産の中核たるべき専業農家の減少に再三危機感を表明している（同二〇・二・五他）。また、農家戸数は増加傾向で、耕地面積は減少傾向にあったから、全体に零細化が進行しつつあった。自作農創設事業は継続されていたものの、自作地は増加せず、自作農家は減少していた（小林論文）。

日中戦争後、化学肥料の供給量が激減し、たとえば窒素肥料の県下への割り当て配給量は、昭和十三年を一〇〇として、十八年には五三まで低下し、二十年には一九と、八割減であった（『長野県史』通史編）。自給肥料増産が奨励されてはいたが、肥料不足を補うことはできなかった。農機具、その他の農業用資材も足りなかった。二十年には「地力も、労力も、肥料も、昨年とはお話しにならぬ程減退してゐる悪条件下に」、米、麦、甘藷、馬鈴薯など少ないものでも二、三割以上の増産目標が、農民に割り当てられていた（信毎二〇・三・一八）。この中で奮闘せざるをえなかったのは残された女性、老人であった。

## 農村女性

戦争末期には農業の女性化が進行した。十九年秋には「農業要員の七割は婦人」とある（信毎一九・九・一二）。

今はどこへ行つてもどちらを向いても、田畑で働いてゐる者はほとんど婦人、つまり作る人が若い働き盛りの逞《たくま》しい男でなく、子供を抱へ、年寄りを養ひ、縫針、洗濯から村の常会へ出たり、農業会へ貯金の割当やら肥料の配給について或は供出の話をききにゆく妻達に変つてゐるのだ。この妻達を助けて昔なら製糸工場へ働きに行つてゐる筈《はず》の義妹や、遊びたい気持がいつぱいの国民学校へ通つてゐる幼い弟妹たちが黙々挺身《ていしん》して田畑を無事に、作物をなほ一層青々と繁《しげ》らしてゐる訳で、……食糧増産は女ばかりでやつてゐるといつてもいい位、全く決戦下農村の婦人はよく働く。……現在県下のこの状況を見ると、男子三分五厘に対し女子六分五厘と圧倒的に女子の数が多い。これは県農業会の見透しだが、県では戦前七対三、昨年四対六、現在三対七と見てゐる。この残る三分の男子は老人、子供が大部分占めてゐるから、結果婦人が農作業の中心労力となり、今までどうしても出来なかつた人糞肥の運搬も、畜力及び機械の使用もやつてのけてゐる（信毎一九・七・三）。

その陰で女性自身、子供たちは多大な犠牲を払っていた。まず、過重な労働を強いられた妊産婦、胎児、乳児の健康が損なわれた。過酷な労働環境下、妊産婦への配慮は望めず、妊婦は早、流、死産の危険にさらされていた（朝日一八・四・一四他）。以前から農村部では離乳期が遅れ、乳児が栄養不足に陥りがちなことが指摘されていた（信毎一七・六・二七他）。母親が仕事で忙しく、段階を踏んだ離乳を行う余裕を欠き、いつまでも母乳のみを与え続けることに起因していた。戦時下で保健所の設置と保健婦の養成、妊産婦手帳の交付、母子健康診断事業などの母子保護策が進展したが、このような労働事情、粉ミルク・牛乳その他の供給不足、農村の劣悪な医療・衛生環境で成果を上げるのは困難であった。銃後の村における女性労働の強化は、妊産婦のみならず一般主婦たちの健康をも蝕《むしば》んだはずである。

また、農繁期はとりわけ育児が放任されがちで、幼児の溺死事故が多発し、幼児の列車事故・列車妨害にも警告が発せられていた（信毎一九・七・一〇、七・二四）。農繁期託児所は日中戦争後急速に開設されるようになったとはいえ、十分な数ではなかった。十九年春季の開設は県内で八二九ヵ所であったというから、一村につき二ヵ所程度となる（同一九・九・二二)。上伊那郡では実際に必要な町村において、労力不足が原因で開設できない実情にあるという(同一九・一〇・一二)。これらの託児は四歳以上学齢までで、三歳以下の乳幼児を預かる施設はほとんどなかった。

そもそも農家では、子守は祖母か姉の担当であり、働き盛りの母親の役割とはみなされていなかった。母親たる嫁世代は、幼児を祖母か年長の姉などに託し、それができなければ畦《あぜ》に寝かすなどして野良仕事をしなければならなかった。家事・育児に専念できるのは上層家庭か、都市俸給生活者の「奥様」であった。このような都市と農村の労働観の相違が、農村に入った疎開者の行為によって際立つ場面がみられた。疎開した若い女性が子供の世話に専念し、野良仕事を手伝わないのを眼前にして、農村社会は彼女らに厳しい視線を向けたのである(信毎二〇・六・一七他)。

**「飢餓供出」**　激しい労働の末、収穫にこぎつけた後には厳しい供出割り当てが待っていた。特に米は、警察官立ち会いのもとでの強制的供出であった。

供出督励の一線に、警察官を立ててゐることは地方的に例外のない事実であり、毎年繰返してゐることである。警察官が供出農家の実情を理解し、農家をして心底から供出促進に努力せしめるやう指導することがその目的であらねばならぬのに、地方の声として伝へられる事例の中には、この範囲を逸脱して権力の行使により遮二無二《しゃにむに》供出目標を達成せんとしてゐるが如きことも少くない（毎日二〇・三・七）。

警察官を供出割当に参与させるのは、農民の気分を暗くする。今迄の供出時期に見ると帯剣の音で農民をおどしてゐた風だ（信毎二〇・一一・九）。

後者は戦後の農民の発言であるが、強い反発を買っていたことがうかがえる。

昭和十九年産米の供出は、前年始まった部落責任供出制に報奨制度が加えられた。部落単位に作付前から割り当て、「農家に供出の具体的目標を示し、更にその目標突破をなした場合の自由処分乃至は超過供出を認め、この超過供出部分に対しては大幅に報奨金を引上げた」のである（『日本食糧政策史の研究』三）。「供出量が部落割当量の九割を超えた場合には供出価格に相当する奨励金を、一〇割を超えた場合には供出価格の一・五倍の報奨金を支給する」というものであった（大鎌論文）。これに応じようと、各部落でかなり無理な、そして不公平な供出割り当てが強行された。つまり各農家の割り当てを決める際、土地生産力、労働力などを考慮せず一律的に行われたり、元来供出能力をもたない零細な小作農を巻き込み、「弱い者に相対的に重い割当をなした傾向」が生じた（『日本食糧政策史の研究』三）。供出割り当ての公平をめぐって様々な対立を生み、部落内の亀裂を深める結果をもたらした。十九年産米の割当量に対する県内の供出達成率は九三・四％であったが、敗戦後、行政当局、警察、農業会、町村指導者層への不満が一気に噴き出すこととなった。

自家飯米分を削っての供出が強行されたため、二十年に入るや還元配給を申請する農家が続出した。北佐久郡下では一年前に比べ激増し、しかも供米成績のよい村で還元配給を受ける農家が増加していた（信毎二〇・二・一九）。六月には「長野県米作農家の三分の一は、保有米がなくなつて還元配給をつけてゐる。昨年の同期に比し、約二万戸多いが端境期にむかつて、なほ殖えるであらう」といわれていた（同二〇・六・一七）。十月段階では「県下二十万農家のうち現在約十万戸が還元配給をうけてゐる」とある（同二〇・一〇・一七）。労力不足対策として農繁期共同炊事が勧奨されていたものの、農家によって保有米や燃料がまちまちで実施しにくくなっていた（同二〇・六・二六）。また農繁期支援の勤労奉仕隊に対して、おやつを提供できないからと断る農家が出ていた（同二〇・六・三〇）。

その還元配給量がどの程度と約束されていたのかは不明であるが、そこから追加供出を強要されることがあり、さらに夏には一般消費者への一割減と連動し、麦やいもなど混食作物を持つからという理由で、一気に五割減となった。これが保有米を削ってまで供出した農家に、「『だまされた』といふ感」を与えたという（信毎二〇・一〇・八）。下水内郡の一村民を名乗る投書者は次のように抗議する。

私共の村では今度調整米を節米供出することに決り、還元受配者も一律に一人四升宛供出する事になつたから、八月分の受配量は一人二升である。日割にすると一日七勺足らず。これではどうにもならぬ。農家だからどうにかなるだらう位の考へでおやりかも知れぬが、雑穀を食べ、野菜を食べ、何《ど》うにもならなかつたから還元配給を受けてゐるのだ、といふことをよく認識して貰《もら》ひたい（信毎二〇・八・一一）。

還元配給を受ける農家にとっては、「飢餓供出」であった。米は激しい肉体労働を支えるだけでなく、農具の修理、必需物資の入手に、あるいは人を頼むにも必要であった。保有米を残せた農家と、できなかった農家との格差も問題になっていた。

馬鈴薯も、麦も、取ればほとんど全部供出してゐるので、自分等は一日一合の配給のほかは何もない。同じ農家でも保有米を持つてゐる者は一日四合で、その差実に三合、これでは一億一心とはいふもののピッタリ来ないものがある（信毎二〇・八・一一）。

農家も米を持つ者と、持たない者に二分されていた。還元配給を受ける農家に対し、村内で「共助米」を集めて融通する対策を打ち出した村もあったが、何より今年度の供出完遂は農家の抵抗によって困難であろうと予測されていた（信毎二〇・八・一六）。

上小（上田・小県）地方の農村は、この頃何処へ行つても粟《あわ》、きびなどの畑が目立つ。これら雑穀畑は昨秋までは大部分甘藍《かんらん》（キャベツ）、白菜をつくつてゐたのだが……農家自体の食糧事情が非常に窮迫して来てをり、とくに還元配給をうけてゐた農家は配給量を補ふため、いきほひ自分の食ふ主食の増産へとはしり、供出対象になる白菜より供出しなくもいい雑穀の増産へと傾いた（信毎二〇・一〇・二二）。これがまた、野菜不足の原因となっていく。

# 総力戦と平等志向

## 町内会・部落会、隣組

**役員の仕事量の激増**

昭和十七年末、長野県下三八二市町村には、区常会九三七、町内会・部落会八〇二二、隣組四一八五三の隣保組織があった(信毎一七・一二・四)。たとえば、長野市の市街地には九八の区があり、長野市〇〇町第〇区第〇組などと編成されていた(同一七・一二・三)。これらは「戦時行政の一端として組織され、一切の実践機関として、行政官公署は勿論、その外郭団体、統制団体、国民運動団体」などによって「駆使され非常な重荷を背負はされた」のである(同二〇・一〇・二七)。ことに区長、町内会長、部落会長、隣組長の負担は重かった。

昭和十五年九月誕生した隣組々織も既に進歩二年、区長、隣組長の奉仕を縦糸に、翼賛壮年団員の活躍を横糸に織りなして、勝ち抜く為の国民組織は今や堅固に出来上つた。何しろ支那事変前の区長さんのお役といへば、先づ寄付でも多く背負ひ込む覚悟の名誉職、区長会も改選直後の顔合せと、翌年解任お名残りの袂別《べいべつ》会、年に二回も総会を開くのが関の山だつたのが、隣組々織に溶け込んで区常会長の位置に座つてからは〝あれこれ面倒みそ醬油……〟、銃後奉公会費や納税の世話、物資配給、貯蓄奨励、債券の消化、指示伝達、人員異動の調べやら、勤労奉仕の号令まで受持つて、とても片手間の仕事では間に合はない。夫《それ》でゐて長野市あたり大きな区で年に十円、小さな町で五円位の報酬に甘んじてゐるのも、戦時日本を背負つて立つ意気あればこそだ（信毎一七・七・九）。

配給だ、債券の消化だ、それ軍人援護だと、戦時下国民生活戦線の班長格ともいふべき町や部落の常会長、配給委員、隣組長のつとめも目のまわるように忙しい。……しかし、かうした下積みに働く人々は酬《むく》いられることが極めて少い（同一七・一〇・一三）。

長野市、上田市などでは、このような役員や模範的隣組の表彰を行うこととなった（信毎一七・七・二七、一〇・一三）。しかし、この程度で、三、四倍に仕事量が増えたという役員の引き受け手を確保することは難しかった。

## 翼壮の介入

「時局即応」、「国策完遂」を掲げ、旧来の有力者支配の打破をめざしていた翼賛壮年団（翼壮）は、区長、町内会・部落会長、隣組長選任について積極的な発言、介入を行っていた。昭和十七年一月、上田市翼壮は区長の改選を前にして「従来の名誉職等に依る有名無実の区長を一掃、時代を推進する確固たる実践的人物」の選出を要望し、次の声明を発した（信毎一七・一・二五、一六）。

一、区長、同代理者は人格清く、率先垂範旺盛なる実践力ある人を選ぶべし。
一、疑惑ある人物は此際一掃すべし。
一、区長代理は翼賛壮年団支部長を以て当らしむべし。
一、区長、同代理者の優遇を講ずべし。
一、協議員制度を撤廃し、区内体制を一本建とすべし。
一、区域常会・隣保常会長には少壮有為の人を推すべし。
一、選挙は旧慣を打破して翼賛一本槍で行ふべし。

翼壮の思惑どおりの結果となったかどうかは不明であるが、いずれにしろ引き受け手を得られにくい状況になっていったのである。「最近の市街地区長、区役員に与へられた仕事と責任は大変なもので、自分の職業を犠牲にして挺身してゐる実状である。このため上田市のごときは、最近なんらかの理由の下に区長、役員の辞意を申出るものや、区の適格者の多くは推薦されても容易に引きうけない」傾向が出ていた（信毎一七・一二・一七）。

翼賛会松本支部では、最近町内会や隣組の用務は日一日と繁忙化して、町内会長、隣組長は自己の家庭も省みられない……隣保共助の精神に反してゐるので、町内会に部制を採用させる一方、隣組員一人一役主義を提唱、用務を分担、和《なご》やかな運営をはかることになり、各区に通牒した（毎日一八・一・二六）。

日用雑貨、食料品、酒、燃料など様々な物資が隣組単位の配給制になると、隣組長や配給係が全員の分を配給所へ出向いて購入し、分配し、代金を徴収しなければならなかった。そのため、隣組長は常に多額の立て替え金を用意しておかねばならず、分配時に生じた目切れの穴埋めに、公定価格以上の代金を支払わねばならなくなる場合もあった（朝日一七・六・五、信毎一八・一・一〇）。各地で配給所を増設し、現物から切符制にして戸別に配給所へ出向く方法にする、物資ごとに別々だった通帳を一冊にした総合通帳制に切り換えるなどの試みがみられた（信毎一七・一二・三、同一八・一・二三、一・一〇他）。

### 模範例

どのような町内会・部落会、隣組が理想と考えられていたのであろうか。

昭和十九年四月、朝日新聞社が、県と大政翼賛会県支部後援のもとに、模範例として表彰した一〇例の部落会、隣組をみてみたい。それらの「共通的特色は会組員の和を基調とし、中心指導者としての会長若《も》しくは組長が犠牲的な率先垂範、強靭な団結力で、諸種の事業、責務を遂行してゐること」であった。食糧増産・供出、貯蓄、納税、軍人援護、生活合理化、つまり戦時下国民の務めを「会組員が常に一致団結して事に当り、創意工夫によって種々の困難を克服」し、「急速に遂行完成」していることが評価されている。第一に、「普通はおろそかになり勝ちな常会から出発」、それを社前で開催したり、精神的行事を織り込むなどして、「人の和」、「協力精神」を培っている。次に、「会長若くは組長が相当年輩者であり、長期継続してゐること」である。表彰された一〇人の部落会長、隣組長の年齢は四三〜六〇歳、うち六人が五〇歳代であり、最長一五年、他も五年以上つとめているという。第三に、事業別に責任体制を確立し、最も緊要な仕事を重点的に推進していること、第四に婦人常会を開くか、一般常会に婦人を出席させるかして、共同耕作、共同炊事に力を注ぎ、婦人を存分に活躍させていることを挙げている（朝日一九・四・四）。ただし、このような例は稀少であり、以下に述べるように役員の選任、常会運営など、理想と現実の開きは大きかったのである。

## 役員選任

昭和十七年秋、翼賛会が町内会・部落会、隣組を指導することになり、「この基盤組織を真の愛国運動に動員するため」、町内会長、部落会長など八〇〇〇人を世話役に、隣組長四万人を世話人に委嘱することとした。翼賛会県支部事務局長は「増産も供出も配給も精神訓練も、こゝ（町内会・部落会、隣組）に於てこそ真実になされねば一切のかけ声は空転です」と語り、「指導者の陣頭指揮といふこと、常会の励行といふこと、常会の取上げ事項の徹底的実践といふことに力を入れて行きたい」としていた。基盤組織の実情が以下のようだったからである。「役員になる人の苦労が多い為に、どうも単なるまわりもちになつてゐる所が多く」、「翼賛世話人としての関係から、隣組長の任期は二年以上といふ事になりましたけれども、……その下につく当番幹事の任期は二ケ月持ち廻りといふ様な処があり、しかもその精神が只何でも早く自分の番を廻してしまはうといふ風な気持でやつてゐる向きも見受けられ」、「真に適格者が出てゐないために徹底事項等も一応よむだけで素通りといふ傾向」であった（信毎一七・一二・四）。

北安曇《あずみ》郡大町《おおまち》では昭和十八年一月初めの役員改選を前に、「何《いず》れも事務の激増に鑑み、改選を機に辞任を希望するもの、タラヒ廻しによる負担の均衡を計らんとしてゐるもの等、一年の任期を希望」していたが、翼賛会は世話役、世話人委嘱の関係から、二年制を指示した（信毎一七・一二・一九）。ところが一年後、「町内会長、隣組長の責任と繁忙さは二年では過重だとの一般の見解」に押し切られ、十九年新春、新たに各長を選び直すこととなってしまった。「明年こそは敵撃砕の年でもあり、タラヒ廻しは避け、顔役的な存在も選ばず、年齢の差や、土着の人或ひは転住者との区別を排した真に隣組を率ゐ、または町内を統轄指導する人材を隣組及び町内会毎に各二、三名宛を互選させ、これに基いて翼賛会支部、町当局、参与会等が中心となつて選任に当り、委嘱する方法をとることになつた」とあり、翼賛会支部は任期で妥協するかわり、選任権の一部を得たのである（同一八・一二・二七）。委嘱された人が直ちに引き受けたかどうかはわからない。十九年五月、東筑摩《ちくま》郡協力会議において「町村における最も中心となる指導的立場にある部落会長の選任に対しては、従来の様なたらひ廻しを排し、推薦権を（翼賛会）支部長に与へて貰ひたい」との意見が出ていた（同一九・五・二二）。「廻り持ちの常会長では、いつまでたつても国策の浸透は出来ない」と繰り返し叫ばれていた（同二〇・一・三二）。しかし、行政当局、翼賛会、翼壮の要求するような指導力ある適格者は選任されず、短期輪番方式のところがほとんどであったらしい。

昭和十九年十二月九日夜、上田市内へ県下で初めての米軍機来襲があり、各地で町内会単位に夜警出動が行われるようになって、隣組の仕事にも緊迫度が増していた。上田市では、三年前翼壮が望んでいた「少壮有為」の役員は選ばれていなかった。

上田市の各隣組がこの一月でいづれも組長を改選することになつてをり、組長の人物如何、指導の適、不適が、隣組の団結、円満に及ぼす影響の大きいのに鑑み、市は従来のとかくホッペタ廻りに隣組長を決めてゆく無責任な選び方を改め、物資配給の円満な処理をはじめ、空襲時の隣組全体の統率など、決戦下の隣組自治を力強く推進してゆくにふさわしい人物を選び、各組員はその組長を中心に隣組精神で任務を分けあひ、一致団結してゆくやう各区長宛に指令を発した（信毎二〇・一・六）。飯田市でも同様であった（信毎二〇・一・三一）。二十年夏、地方中小都市への爆撃必至という時になっても、諏訪市では「不在組長や飾りもの組長を防空担当者に据ゑてゐるところ」があり、「即刻適格者をして取つて代らせねばならぬ」と指摘されていた（同二〇・七・二五）。

### 常会運営

昭和十八年三月、翼賛会松本支部では、「とかく不平不満のはけ口となり易い隣組常会」実施上の指針を以下のように示した。「常会は一人一役主義とすること」、「婦人も老人もみんなが発言出来るやう雰囲気を作ること」、「時間を厳守し、常会記録を必ず作成すること」、「生活の科学化とか新しい研究、工夫は努めて発表して、知識を交換し合ふやうにすること」、「協議、申合せ――これが最も大切なことだから、互に心を空しくし、私心を去つて懇談する」であった（毎日一八・三・九）。また、同年五月から松本市は「県下に率先して常会日誌、常会出席簿を百五四の町内常会、二千三百の隣組常会に備へる」ことにした。これは同市が調査した結果、「一部には常会を開かぬ隣組、または欠席者の多い、かつ漫然と配給物の割当をするのみの常会」があることがわかったためであった（同一八・四・二七）。松本市だけではなく、他でもおざなりな常会、休止状態の常会が多かった。次は昭和二十年の上田市の例である。

昨年十月、翼賛会市支部と協力して、一千二百余組の隣組を八百二十組に整備し、七地区に分けて、常会長、隣組長に対し月一回宛常会指導を施してきたが、半数に近い三百七十余隣組は常会を開いてゐない。この傾向は官公衙、会社・工場の幹部、その他指導者層の多い隣組に強く、反面商店街のうら長屋など中流以下階層の多い隣組は、常会に熱意をこめ、その運営も好成績を収めてゐる（信毎二〇・七・九）。

「今まで常会徹底事項（県と翼賛会県支部で決めていた）は、単に空文に流れる傾向があつた」（信毎二〇・六・二〇）といわれ、「常会の話といへば、貯蓄の多少を論ずるに終始する」（同二〇・六・三）とあるように、上から命ぜられた貯蓄目標額を達成するため、各戸がいくらずつ負担するかが中心議題となった。農村部ではこの上に米や藁工品《わらこうひん》などの供出量をどう割り付けるかであった。貯蓄にしろ、供出にしろ過重な割り当てを押し付けられる場となった。他には配給物資、農村では特に肥料の分配についてであった。「大部分の隣組常会は、今まで上からの命令を伝達し終るとお茶呑み話会に過したものが多かった」（同二〇・一〇・二七）ともある。「皆が人の欠点ばかりを目につけて、隣組常会などでもすぐ人の噂が話題になる」（中日一九・一〇・一九）というような形での憂さ晴らしも行われ、配給物資の量や質についての不平不満、当局の警戒する流言・造言が語られがちだったのであろう。

## 地域指導者への期待

昭和二十年二月、下高井郡では「形式化されて魂の失せた常会に活を入れ」ようと、翼賛会郡支部と地方事務所の主催で、郡下各町村の隣組長以上を集めて常会刷新の講習会が開催されることになった。「郡下の実際は配給物を分配するに過ぎない都市まがひの消費常会に堕してゐる」、農村の常会は「兵站《へいたん》基地」として、「あくまでも生産供出の常会でなければならぬ」という。要するに米、麦、野菜、藁工品、薪炭などの増産、供出達成を成し遂げる場にしなければならないというのである。それには「常会長、隣組長など常会を運営する人の頭の切替へ」が必要で、彼らには「生産や供出の割当を数字的に示すだけで、自らはそれを果す工夫と熱意がたりなかつた」が、「生産者と一緒になつて考究する、隘路の如きもその打開に先頭となつて切り開いて行く」べきである。「国民儀礼は必ず行ひ、厳粛なる空気を醸成し、配給物資の分配にも単なる購買観念を払拭して感謝の念を捧げ」なければならないとある（信毎二〇・一・三二）。

労働力、肥料、資材難を克服し、農山村に課された食糧、燃料の過大な増産、供出要求を引き受け、常会を通じて部落会、隣組をまとめ上げ、先頭に立って奮闘する地域指導者が必要とされていた。当局や翼賛会にすれば、熱意や実行力を欠く名誉職的な役員や、短期輪番制の役員は好ましくなかった。戦争の遂行は国民全員に過重な負荷をかける。それが重くなればなるほど、積極的に応える末端の地域指導者の出現が期待された。しかし、実態は終始その期待を裏切っていた。国民に求められた供出、貯蓄、勤労奉仕も限界を超えていた。背負いかねる負担に対し、形式的に、おざなりに対応するしかなくなっていた。常会は当局の「上意下達」の場で、「下情上通」は断念されて物資の配給だけが望まれていた。配給物資の分配、貯金、債券、あるいは勤労奉仕の割り当てをめぐって対立が起きがちで、役員は難しい立場におかれる。仕事や家庭を犠牲にした奉仕は続けがたく、役員の引き受け手が見いだせなくなってしまう。使命観をもち実行力もある人が、当局の要請に添うべく行動したとして、巻き込まれる周囲はかえって迷惑であったに違いない。熱心すぎて融通のきかない役員によって、行き過ぎの生じることもしばしばあった。

政府の諸方針が行政の末端機構にゆくと、いろいろと歪曲されるといふと、いひ過ぎるかも知れぬが、薬がき、すぎて、いはゆる行過ぎになる場合が多い。……灯管（灯火管制）に限らず、供出、貯蓄、公債割当等の諸方策について町会、隣組に行過ぎの生じないやうな解説が行はるべきである。公事に熱心なる余り、隣組生活に不和を醸すやうなことは禁物である（朝日二〇・一・一二）。

摩擦を起こしそうな人物を避け、地域の和を保ち、負担の公平を図り、そして不正を防ぐ

図7　空襲に備えるバケツリレー訓練（昭和19年，小山迪彦氏所蔵，『望月町誌』別巻2，2003年より）

上においても、地域住民にすれば役員の短期輪番制はもっとも適合的な方法であった。また誰もが多忙な折、各戸の利害が対立し合うことが明らかな常会は、必要最少限の開催が無難であった。

**役員への注文・苦情**

昭和二十年二月、「国内決戦態勢の基盤として物心両方面から国民を強力に指導するために」、県は町内会長、部落会長に対する心得帳を作製して徹底させることにした（信毎二〇・二・二）。この中では、以下の二点が重要であった。

△決戦施策の実践　部内の実情に通暁し、食糧、藁工品、薪炭等の増産供出、貯蓄の増強等に付ては、夫々《それぞれ》の実情を勘案し、常に創意工夫を凝

し、適正なる目標を与へて画一的ならざる様留意すること。
△事務処理　事務処理を敏速にし、日常必需物資配給、消費規正等の取扱は細心の注意を払ひ、台帳記載を厳格にし、公平無私を旨とし、物資の不適正配給により部民の和を欠き、戦力増強に支障を及すが如きこと無き様。

負担の割り付け、物資の分配における「公平」が、神経を使うべきもっとも肝要な点であった。役員たちが負担を機械的に割り振り、強引に押し付ける手法や、握り渡し的な物資の配給法、「独断的な配給操作や指示」が反発を招いていた（信毎二〇・一〇・二七）。役員にしてみれば「けふは衣料、あすは雑貨や食料品と、配給所のお手伝ひに眼を廻す」（同二〇・九・一四）忙しさで、「業種別に更には品目別に次々と流し込まれる計画配給品を受けとるために区長、隣組長は悲鳴をあげ、主婦達は少なからず時間を浪費する」（同二〇・一・二三）とあるから、細かく気を配ってもいられなかったであろう。とりわけ隣組長は、単なる「小使《こづかい》」同然となっていた（中日一九・一〇・一二）。隣組長にごくわずか女性も就任していたが（朝日一七・一・六）、役員の大半は男性であった。ただし、男性役員の下で、ことに市街地では主婦たちが配給物資の受け取り、分配などの実際業務に携わっていた。主婦たちの労力も大変であった。「どこにでもあることだが、口やかましいのが組内で」（同一七・一・六）あり、とくに隣組単位に配給されるわずかな物資の分配方法は、もめ事を引き起こした。配給物資横領など、警察によって摘発されるような、区長、町内会・部落会長、隣組長らの不正事件も多発していた（信毎一九・一一・二、同二〇・四・九他）。

役員に対する、松本市民の次のような声が掲載されている。

▲物資配給　隣組を通じて配給される物資の量が、自分の隣組或は町内に果していくら程来たのかが知り得ず、役員だけがいゝ加減な事をしてゐるやうに見られがちだから、町内常会、隣組常会で詳細な事情を公表されたい。いつでも配給係にきけば教へるといふが、改めてきくと角がたつし、実際きいたためにかへつてにらまれたといふ例がある。

▲町内役員の態度　部内を感情で左右する場合があり、区長や隣組長の越権行為が相当ある。それを指摘すると、すぐ非時局認識者とか協力しないといつて、時局にむすびつけて非難する者がある（中日一九・一〇・一九）。

昭和十八年秋、農家の稲刈り応援のため、長野市内から勤労奉仕隊が送出された際、割り当て人数を充たそうとした区長に行き過ぎのあったことが問題となった。勤め人に勤めを休ませ、乳児を背負った女性の出動を強制したこと、参加不能を申し出た人に対し、代償金を徴収したり、配給停止や立ち退き要求まであったことが報道されている（朝日一八・一〇・三〇)。もっとも、職場単位の勤奉隊結成が遅れていたことや、区長任せに多人数を一律に割り振った市当局にも問題があったらしい。勤奉不参加の代償金徴収や、酒の配給停止などは、他でもしばしばあった事例である。

町内会費、区費などの名目で各戸から徴収する経費が、野菜の出回り不足、燃料不足などにともなって膨張していた。県内六市では年額二〇円から一〇〇円が徴収されている状態なので、六市はその制限を申し合わせたという(毎日一八・六・一九)。これに関して、その不明朗な運営を非難し、会計検査を要求する読者からの投書がある。

近来非常に膨張した区費、町内会費の運営ぶりを見るがいい。なにもこと〴〵くの区長、町内会長らのやり口がさうであるとは言はないが、信用のおけないものが少くない。信用が出来ないなら辞めさせたらいいではないかと言ふであらうし、なにも好んで区長になつたわけではなし、辞めろと言はれゝば勿怪《もっけ》の幸ひだと公言するものもあるであらう。そしてたしかに今日好んで区長をやらうとするほどの者は世間稀《ま》れにしかないし、区長、町内会長の仕事が繁雑で自己の本業が犠牲になることも事実である。しかしだからといつて区長はわがまゝ勝手な振舞を敢てしても、金銭出入りをぞんざいに扱つても大目に見てゐるべしといふ理窟はなりたゝない。防空費だ、炭焼だ、野菜集荷の誘ひ水だとわれ〳〵から取りたてる区費は市民税の何倍かに上り、区の経済は取りたてる区費のほか篤志寄付もあつて、事変前の小さな村の経済にも比すべき万といふ金銭に上つてゐる。然《しか》るにその使途に明瞭を欠くものがあり、その決算報告なるものはまことにおざなりである。市民税の何倍といふ負担を徴収してゐる区費に対し、一般区民の納得出来るやうな会計検査がどうして行はれないものであらうか（一苦民投）（信毎二〇・四・一七）。

# 配給制度

## 配給制への移行

長野県下では昭和十五年八月から、米が成人一日二合五勺を標準とする配給制となり、砂糖も切符制へ、昭和十六年十二月には家庭用塩が配給制となった。昭和十七年には衣料品、味噌、醬油、卵、石けんなどが切符制となり、木炭にも通帳制が実施されていった。同年末の長野市で「市を通じて行ふ家庭用品その他の物資配給が日々増して来てゐるが」（信毎一七・一二・三）とあり、十九年半ばには「多くの商品は配給品に転化した。学者によると都市民消費の八割は配給物資でまかなはれて居り」（同一九・五・一七）とある。食糧品や生活用品の量は甚だしく不足し、品質も低下していた。「サイパンの勇士達は兵器こそ送れと叫んだであらうが、食糧や物資が不足だとは一度も言はずに挺身命を捧げて戦つた末散華《さんげ》したのだ。それを思へば未だ安穏な日常を送つてゐる我々が、食糧や物資の配給について一言も不平不満を洩らしてはこの勇士達にすむまいと思ふのだ」と、銃後の人々の心構えに警鐘を鳴らす声もあった（同一九・七・一九）。しかし、「すでに生活物資が全面的に配給制度によつて賄はれてゐるが、巷間寄ると触ると話題が物資の不足と粗悪を俎上にした不平不満に満ちてゐる」現実にあらがう力は弱かった（同一九・一二・八）。

配給制への移行は少なくとも当初は、一般の意向に添うものであった。政府による米の割り当て配給制度実施の意図には、消費節約と並んで、乏しいなかでの「公平」性の追求があったと指摘されている（野本論文）。食糧品や生活用品の「公平」な分配は、苦しい戦時下の生活に耐える一般大衆のもっとも大きな要求であった。

## 商人・商店への批判

経済統制が進み日常生活物資が逼迫すると、これらを扱う商業者の力が強くなっていった。商人・商店の不親切、無愛想、営業時間短縮、縁故または情実販売、売り惜しみ、隠匿、闇取り引き、横流し、量目不足、粗悪品販売、抱き合わせ販売、物々交換要求など、「商人の道義低下」に対して、厳しい批判が寄せられていた。昭和十七年五月より、県小売業整備実施要綱にもとづく小売業者の転業が進められ、残存した業者は配給機構の配給所となった。配給所化され「労多くして利益の少い」（信毎一八・一一・一八）業者とすれば、接客態度の悪化も無理からぬものがあったであろうが、貴重になる一方の物資を、独占的に取り扱うこととなった業者の不正や「横暴」への消費者側からの非難は、止むことがなかった。たとえば乳児用ミルクをカフェーへ、妊産婦・乳児用ネルを一般用へ、魚類を工場・会社へ横流しする、あるいは商店同士で配給物の物々交換を行うなどの不正が報道されている（毎日一八・一・二九）。ことに、払底した衣料品を扱う商店に対する目が厳しかった。昭和十九年三月下旬、呉服商、織物商、洋品商、仕立屋、転廃業者、農業会および工場の倉庫などについて、警察は徹底的な一斉臨検を行った。対象となった二三〇〇件に四〇〇件の違反が見付かり、検挙されたという。長野市、松本市の「一流呉服店、デパート」には、「純綿物、反物、洋品類が隠されてをり」、「倉庫には闇で物々交換した数俵の米や卵」が出て来た。また、「上田市内で政治的にも社会的にも相当の地位にある某繊維商店は、いくら警察でも踏込めまいと付近の人々から噂されてゐたが、敢然《かんぜん》点検するや絶対違反はないと大見得を切つたにも拘らず、大量の隠匿品が発見され人々の溜飲《りゅういん》をさげた」と、一般の激しい反感をうかがわせている（毎日・中日一九・四・一六、朝日一九・四・一八）。

### 有産者への反感

昭和十七年、南安曇郡下で製造される菓子の八割は配給用となり、二割は業者の自由販売分として残されていたが、これの「殆ど大部分は縁故情実に依つて販売される実情に、一般非難の的」となって、地方事務所が自由販売全廃を考慮中とある（信毎一七・七・二三）。強い非難を浴びた業者の情実販売、縁故販売の相手とは、有産者階層であった。物不足に乗じて独占的に利を占める業者のみならず、彼らの上得意である「労力と財政に余裕を有する」有産者への根深い反感があった。情実販売を厳重に取り締まってほしいとの「下情上通」に対し、県当局は「労力と財政に余裕を有する上層部面に於て当業者と談合の上、此の種違反行為を助長しつゝある実状」を踏まえ、「商業報国運動を一入《ひとしお》活発化せしめ当業者を自粛自戒せしむると共に、比較的経済統制に無関心なる社会上層部の啓蒙に徹底を要するものあるを認めらるゝ」と回答していた（同一七・七・九）。諏訪市における協力会議でも、「闇取引は有産特権階級や顔役的存在などによる情実金権取引に依るもの多く、又機構にも欠陥あるを以て生活必需物資を中心に物と切符とを照り合せた綜合切符制が必要である」との意見が出ていた（同一七・一一・一五）。上田市で行われた戦時生活懇談会でも、「すべての配給は隣組本位とすれば公平となる」という発言があった（同一七・六・二〇）。

長時間の買物行列に並べるのは、俸給生活者家庭の主婦以上の階層であろう。それは恵まれた階層に属していた。それ以下は主婦も家業や内職に追われ、まさしく貧乏暇なしなのである。ある投稿者は「行列に加はることの出来る家庭はまだよいが、国家の要請に基づいて、一家皆労の実をあげてゐる家庭が、どれだけ不便を感じてゐるかは、全く想像外である」と述べて、「隣組へ一括配給を」と訴える（日日一七・三・四）。小県郡丸子町の呉服店で純綿ネル類の発売が行われた際、早朝から行列ができたといい、「この種純綿物は自由販売である限り金と閑のある階級に買占めされて居るもので、実際必要とする勤労者階級は容易に手に入れられぬ実情で、隣組を通じての重点配給が要望されて居る」と書かれている（信毎一八・一・六）。

**隣組配給**

隣組配給制への移行は、物資の「公平」分配を求める一般大衆の強い要求に引きずられるように実現されていったといってよい。翼賛会県支部事務局長の次の発言には、そのような状況への困惑さえ感じられる。

隣組配給の場合、公平々々といつても、凡そ物には、例へば一匹の魚についても頭も尾もあるので、どの人へもい丶処ばかりやるといふ様な事は不可能なのですから、たゞ物の公平々々といふ事ばかり考へず、もつと物のみにこだはらない立派な精神的な考へ方を皆持たなければならない。多少の物の配給の不公平など、大戦争完遂といふシツカリした精神力を以てあたれば、さう色々いはなくてもすむでせうし、またさうなければならないでせう（信毎一七・一二・四）。

しかし、末端の隣組長が物にこだわらない精神力を説いていられるものではなかった。忙しさの中で、「公平」に神経を使わざるをえなかった。長野市内のある隣組長はいう。

どの隣組長もさうであるやうにお互ひに頭を悩ませるのは組内の家庭に対する魚だの、洋品だのといふ物資の配給割当と寄付金や債券の割付けである。しかもこれらのことが隣組の最も大きな精神である「団結」に直接影響するから、組長の仕事のうち最も容易ならざる仕事であることはいふまでもない。仮に配給された鶏卵でも、これに公平を欠かうものなら一個の鶏卵が隣組の共同をぶち壊す結果を招くことになり、人知れぬ組長の苦労があるわけである。かうしたときに一番悩みの中心となつてくるものは「平等」の方法である。どの家もみんな同じ数量に割付けることが平等であるか、またはその家族人員や家族の構成等の実情に応じて割当てるかといつたことである（毎日一九・四・二二）。

公平分配の限りない追求が、隣組制度の濫用を招きかねない気配もみえていた。郵便物、新聞、牛乳の配達、各種の集金まで隣組に負わせようという意見が出現していた。これについて『信濃毎日新聞』社説は、「隣組を万能視する弊害」と題して警告する。

今日それ（隣組制度）が防空に、配給に、貯蓄に、数年前の創設当時の一般の予想に数倍する重大なる、不可欠なる役割をするに至つたことは否定出来ないところだ。……しかしながら、こゝに一つの反省を要する一事は、無暗に末梢的な役割を隣組に負はせて、それ隣組、やれ隣組と敢《あえ》て隣組を必要とせざる、否かへつてそれが為に手数のか丶るやうなことにまで隣組の手を経させたがる傾向であり、隣組を使へば何でも決戦態勢なりとする考へ方である。僅《わず》かの配給物を組長が代表して購入して来るといふと簡単なやうだが、各戸に通牒して、計算して、集金する組長の手数は別としても、各戸にとつても販売店から購入した方が、はるかに手つ取り早い様なことの多いのは、誰しも痛感してゐることであらう。……なかんづく警戒せねばならぬのは、隣組制度に藉口《しやこう》し、便乗して当然伴ふべき労力の回避を策する傾向だ。本来各戸に配達すべき、或は各戸から集金すべき性質のものを隣組単位にするごとき風説や意見が行はれ、世人もや丶もするとこれを不思議とせざる嫌ひがある……隣組制度を真に活用し、その精神を生かすのは、そんな末梢的な事務を無暗に増やすことではない。肝要なのは「隣保共助」をもつと徹底させることにある。あらゆる意味の「悪平等」を是正することにある。にもか丶はらず、実際はその逆を行きたがつてゐる。この隣組万能、隣組便乗の考へ方に、一般が敢て異とせず、や丶もすると屈服せしめられるのは、たゞ欲しや欲しやの卑屈なる消費者心理に慣れ切つたからに外ならぬと断言するのは当らぬであらうか。隣組精神はその様な境地に低回する限りは、その行方を失ひ、隣組はたゞ我利々々亡者の雑用機関としての形骸のみをとゞめるに至る危険を感ぜざるを得ない（信毎一八・一二・二〇）。

物によって公平、平等な分け方は難しく、手数もかかる。米は年齢別、労務別に配給量が細かく規定されていたが、その他の食料品や雑貨について米のような方法はとれず、「悪平等」といわれる一律的な配給が行われがちであった。たとえば広い家庭菜園を持つ者も、持たない者同様の野菜配給を受けていた。鶏卵について、中野町では「配給制が採用されてから必要としない家庭でさへ購入、病人等が入手難を来たしてゐる」（信毎一八・一一・二三）とか、酒についても、配給以前はたしなまなかった者も要求するなどのことがあった。一般大衆が隣組に期待する最大の機能は、物資調達であった。「配給にからんで隣組の和を欠いてゐたやうなことはなかつただらうか」（同二〇・一・一）と反省を促されるような事態が頻発していた。共に助け合い、譲り合う精神は忘れ去られ、「我利」や「家庭的個人主義」のぶつかり合う場となっていた。まさに「衣食足りて礼節を知る」の逆である。乏しくなればなるほど奪い合いが生じる。後述するように、たばこの配給をめぐる問題などが典型であった。衣料品、家庭雑貨などはあまりに量が少なく、分け方でとかくもめ事が起きた。これについては市町村当局者も頭を悩ませ、処置に窮して村の幹部間で流用するなどの不正事件も発生した（同一九・六・三〇）。

## 制度の整備

行政側もことに市街地の生鮮魚介類、青果物の配給方法については手を焼いていた。業者の情実販売、売り惜しみ、消費者の二重買いなどを防いで明朗、公平な配給をめざし、隣組長の手数を省き、行列買いを解消するための模索が続けられた。家族状況調査、配給台帳の統一・整備、現物引き取り方式を切符制へ、各種切符を一冊にまとめた総合通帳制の採用、配給所の位置の検討などが行われた。昭和十九年五月には長野、上田、諏訪市で（すでに岡谷市では試みが始まっていた）、生鮮食料品（魚介、青果）の登録輪番配給制が開始された。販売店は「家庭用と業務用の比率を定め市長の承認を得て品名、数量、および一人当配給量を店頭に掲示し、配給先の隣組長に通知する。販売は原則として世帯人員に応じ、時間も限定しない。残品は自由販売として処分する」、購入者は「隣組長よりの買出日通知によつて購入帳と認印を持参、購入後渡済みの証印を受け、店の備付台帳に数量その他を検視の上捺印する」との方法であった（朝日一八・一二・一〇）。十九年は野菜の入荷量が甚だしく減少し、各都市とも配給ルートに乗せるための集荷対策に苦慮した。魚介類はさらにとるに足らない入荷量で、上田市では実施半年後に制度の手直しを予定していたが、手のつけようもない状況であった（信毎一九・九・二二）。さらに全体の取り扱い量が減少すると、業者の整理を兼ねて、生鮮品やその他の物資を一括して配給する総合配給所設置案が松本市、上田市などで検討されていた（同一九・八・一〇、同二〇・三・九）。

配給方法の整備は、食糧、燃料一切を購入に頼る都市部で進んだ。農村部では米、野菜、味噌、あるいは醤油以外、塩、砂糖、菓子、衣料品、家庭雑貨（地下足袋、ゴム長靴、マッチ、石けんなど）、木炭、そして肥料や農具が主な配給品であった。もともと商店が少なく、小売業整備でさらに減少していた農村部では自由販売品を入手することは容易でなかった。

農村方面にはなか〳〵衣料が入つて来ない。街の商店に品物があると聞いて、仕事を休んで来て見ると既に二、三日前に売切れである。働く者には作業衣や地下足袋、軍手、或は農具などが最も必要である。それなのに企業整備で村には店がなくなり、都市中心となつてゐる（信毎二〇・一・一五）。

鮮魚の配給も市街地中心で、農村部には行き渡らないことが多かった（信毎一九・一〇・一七）。総量が極度に減少した時期には、農村への肉の配給は除外された（同二〇・四・二八）。冬期はすべて輸送が困難となった。一方で農村へは、米麦などの増産・供出の督励・報奨として、酒、衣料、雑貨の特配が行われた。

県の指導のもと、地方事務所を通じて町村へ割り当てられる統制物資が、昭和十八年頃から増加していた（『千曲』九六）。昭和十九年七月、下高井郡下各町村の配給主任者会議において、現在ややもすれば「配給事務を軽視」し、新規採用者や女性に担当させ、「系統機関から流された物資を単なるお取次配給をしてゐるにすぎず、これを村の増産、供出など生産の面に活かさなければならない」、「帳簿面だよりの機械配給」であってはならないと、強い反省の声が聞かれたという。しかし、物資を扱う配給担当者はとかく疑惑の目でみられがちだったことでもあるし、「弾力性のある完璧配給を行はんとせば、先づ配給事務担当者の人格識見がつよく要請される」、つまり、下僚《かりよう》任せではなく、町村幹部自らが不満を抑え調整するような強い指導力を発揮しなければ、増産・供出へと誘導できる効果的な配給は実際には不可能であったことを物語っている（信毎一九・七・二二）。農村部でも機械的、一律的、「悪平等」的配給になりがちだったのである。

## 幽霊人口

諏訪市は昭和十七年一月二十日現在で、隣組長に全責任をもたせ隣組単位に実人員調査を行うこととし、今後虚偽申告が発見された場合、隣組全体に対し配給品の一部を停止する方針とある。生活必需物資配給の基礎となる家族人員の異動申告が、「転入増加の場合のみ几帳面で、転出減少の場合は兎角閑却されるので、配給人口は増加する一方で、しかも実人員に副《そ》はぬ配給は物議の種をまき、隣組を不平の醞醸《うんじよう》地たらしめる傾向少くない」弊害を一掃、「健全明朗な銃後陣営」を整えるためであるという（信毎一七・一・一九）。須坂町では勤労報国隊編成のための調査を行ったところ、不在、他出となっている人が、配給台帳では配給を受けている食い違いが見付かったという（同一八・九・四）。人口調査の数より、食糧配給人口数が多いという「幽霊人口」問題は後を絶たなかった。人口異動の激しい地域に多く、また疎開、応召、徴用など異動が繁《しげ》くなるにつれ増加した。家族人員を増やして申告する、転出申告を怠る、食糧配給量の多い重労働、激労働者と偽る、職場で給食を受けながら家庭でも配給を受ける二重申告などの不正が多かった。「当局の厳罰方針の一例として、諏訪の工員が、工場で食事を支給されながら町の配給所から配給を受け、また転出不在中の伜《せがれ》の配給米も受けてゐたゝめ懲役八ケ月（執行猶予三年）の判決を受けた」（同一九・四・二二）例を挙げて警告されても絶えることはなかった。ことに工場、事業場には闇人口が多かった。

以下のような手段も使われた。

物資の配給を余計につけやうといふ下心から、実際は一世帯でありながら、便宜上二世帯、三世帯に分割して届出《とどけい》で、債券消化、貯蓄増強など事務的な面では、たちまちもとの一世帯に逆戻りして負担を軽くしやうといふ所謂《いわゆる》配給戸数が増加、とくに縁故疎開者の増加でこれに拍車をかける傾向が北佐久地方に見うけられ、町村配給課では悩みの種となつてゐる（信毎一九・九・八）。

村単位、町内会単位で作られる幽霊人口もあった。下伊那地方事務所が米、味噌、醤油、砂糖など配給物資別に各村人口を調べたところ、その一つ一つに大きな食い違いがあり、もっとも正確と思われる米の受配人口より、自家醸造者が除かれていて少ないはずの味噌、醤油受配人口のほうがはるかに多かったという。この現象は各村に見られ、勤労報国隊、挺身隊などを多く出している村ほどひどいという。「疎開者、挺身隊、勤報隊等の関係その他で、最近町村の人口移動が激しくなるにつれ、配給物資の操作が錯綜してゐるため、町村役場配給事務主任の中には、実人口に相当の山をかけて申告し、或は増加人口は遅滞なく申告しながら、退出人口はそのままにして置くなどの事例が少くない」からであった（信毎二〇・二・二三）。松本市内の町内会でも、出入りに備えて数名から十数名の余裕人口を申告していた形跡があったという（同二〇・六・二八）。各地域ごとに人口調査が行われていたが、疎開転入者が増加する時期になると、調査の三、四ヵ月後には苦しいやりくりになってしまうという事情があった（同一九・六・三〇）。実際に増加分の物資が到着するまで時間がかかったからである。

県食糧営団は昭和十九年八月、米配給カードの様式を、年齢、家族員数に加えて、新たに性別、職種を記入させることとした。この新カードによる調査では、配給量の多い重労働者、激労働者などが、以前に比べ二万人以上減ったという（信毎一九・一〇・八）。十九年において、このような加配の虚偽申告を合わせて、幽霊人口は県下で約五万人に上ったといわれる（同二〇・三・六）。幽霊人口は「隣組内の埒《らち》もない『噂話』」としてささやかれていても、「この問題の六《むつ》かしかつたのは、人情がからんでゐるからである。せき立てるのも情に於て忍び得ぬものがあるので、届出がグズついてゐる中に、二月、三月と経てしまふ」(同一九・七・一二)ため、あるいは班長、隣組長が「憎まれ役になり度《た》くないところから、知つてゐても手続をさせない」(同二〇・三・一六)ためであった。いずれにしろ「もつとも人口の実態を知悉《ちしつ》する隣組長に優柔不断の傾きがあり、闇人口絶滅に思ひきつた処断をふるへなかつた」のである。中野町では一斉調査にあたって、「組長は町の査察使となつた気もちで積極的な協力をもとめる方針」とある(同一九・七・三〇)。「町内会長が自ら町内世帯人員の異動を知つた場合、その世帯主から届け出がなくても異動訂正の手続きを怠れば、詐欺幇助罪《さぎほうじよざい》に問はれる」との大審院の新判例が報道されていた(同一九・五・一二)。しかし、多くの隣組長ら役員は査察使たりえなかったのであろう。以下のような投書がある。

今こそ死か生かの決戦期だ。乏しい苦しい生活はみなが覚悟してゐる。それなのに起る不平不満の原因は、配給が適正でないからだと考へられる。この適正を欠くモトは、常会長なり隣組長なりに現在の方法ではどうしても厳密な人口調査なり、配給細目を樹《た》てる力がないからだ。そこで警察その他の当局の手で常に適正基数調査を行つてもらひ、配給監査も厳重にしてもらつたらどうであらうか。五十隣組位を単位に、取締官、指揮官といふやうなものを設置して欲しいが如何(諏訪住民)(信毎二〇・一・三〇)。

組内、町内自身の手で解決することはできない。しかし「適正」＝「平等」は確保したい。そのためには、外からの強権導入をあえていとわないのである。

各地におけるこのような動向を受けてであろう。農商省は地方庁を動員し、昭和二十年三月二十日現在をもって不正受配の全国調査を実施することになった。同省は幽霊人口を全国で約一〇〇万人と推定していた。調査方法は以下のようであった。

一般家庭については申告用紙を配布し、世帯主に責任ある申告をなさしめ、もし不正申告を行つた場合、申告日から発覚した当日迄の超過配給分は爾後《じご》の配給から差引くとともに詐欺罪をもつて断乎《だんこ》処断するのみならず、情を知つて之《これ》を黙認した町会長、隣組長も同時に詐欺幇助罪に問はれる。又二重配給の多い工場、寄宿舎については、申告制度を取らず、直接地方庁において個別調査を行ひ、欠勤者の家庭増配はこれを停止し、さらに従来入営、応召者の多くは転出手続きをとらず、そのまゝ継続配給を受けてゐるものも多数あるので、今後は必ず転出証明書を携へて入隊することになつた（信毎二〇・三・三）。

**残存業者**　配給所となって残存した商店に対する非難は、ますます激しくなっていた。たとえば、品切れを装い、売れにくい商品のみを並べて売り急ぎ、陰で縁故販売をするとか、不良品を隣組配給に回し、良い物だけ自由販売とする、抱き合わせ販売を強要する、闇値で旅館、高級料理店へ横流しするなどであった。「自由販売」商品の行き先に、疑惑の目が向けられていた。また、商店街が夕方早くから戸をおろすため、仕事を終えて出向いて来た農民が用を足せないとの不満もあった（信毎一九・六・二七、七・八）。酒、味噌などに始まりあらゆる配給品の品質低下が嘆かれ、製造業者の「道義心低下」も非難されていた。昭和十九年末、松本地方で配給された「煉炭《れんたん》、棒炭《ぼうたん》を始め、早漬沢庵、下駄《げた》並に鼻緒《はなお》等は〝市場価値なし〟とまで極言される類」の粗悪品で消費者を憤慨させた（同二〇・一・一五）。物資の不足と品質低下への不平不満が商工業者に向けられ、不正行為を行う業者を指弾する声は高かった。

図８　本日分売り切れ（川上今朝太郎『銃後の街』大月書店，1986年より）

　現下の残存商人は国家の配給機関にたづさはつてゐる者であり、仕事に対しては誠実であらねばならないのに、事実は期待に反し、独占的事業だといふ振舞が上伊（那）地方の随所に見受けられる。殊に最近この魔手は淳《じゅん》朴《ぼく》な農村にのび、金物も荒物《あらもの》雑貨もはては肥桶の修理まで代償として米穀を要求する。農家は農業経営上必要な物資、農具を入手するために、無理な要求だとは思ひながらも、背に腹はかへられないと米を代償に出す。結局、町村の末端小商人はこれをよいことに益々露骨化して来た。殊に自由販売品を多く持つ家庭雑貨商や洋品屋などにこの悪弊が多く、これが供米運動の癌《がん》ともなつて、郡の指導者は迷惑がつてゐる（信毎二〇・一・二八）。

飯山町の魚類販売商人の中には、隣組へ配給する魚介類に対し、僅《わず》か一時間か二時間の時間をつけて配給通知を出してゐる商人がある。何処の家庭でも時間を制限されたところで、不在の家もあれば又来客などあつて直《す》ぐ購入に行かれない場合もある。その結果、少し時間すぎて買ひに行けばもう配給の品は売切れたと断る。しかしそれは決して売切れた訳でなく、かういふ商人は配給品を沢山残して闇や横流しで他へ転売したり、その他の物資と交換するのである。従つて、このやうな販売店に区域を定められた受配給家庭は、全く迷惑至極な話なのである。戦局愈々《いよいよ》重大のとき、かう云ふ利潤主義者の商人を何んとか取締る方法はないものか。よろしく悪徳商人に対しては、配給物資を停止してもらひたい（同二〇・四・九）。

上田市の場合、約一五〇〇戸あった商店数が約三〇〇〇戸に整理されていた。それでも「逐年物資の扱ひ量が減つて、残存業者で配給手数料のみによつて生計費を得られるものは極めてわづか」であった。ゆえに「主人公、若《も》しくは一家の働き手は工場、会社につとめ、配給業務は家族まかせのものが多くなり、またそこに横流し、情実売りの暗い影もつきまとふ」うえ、消費者は配達してもらえない不都合、不便が生じていた（信毎二〇・二・一三）。全県的に同様で、隣組長が配達を担当させられていた。長野市当局者も「隣組長が生必品（生活必需品）の配給係の様になつてゐる反面に、業者が日傭《ひよう》や工場勤めをしてゐる実情はどうも感服しない」と語っていた（同二〇・二・二四）。業者をさらに整理したうえで、生鮮食料品などをひとまとめにした総合配給所を、地区別に設置することが検討されていた。これに対する業者側の抵抗も強かったらしい。以下は読者の声である。

近頃めつきり減少した配給物資の取扱ひを厄介がりもせず、また妻や子供にまかせて一般受配者の迷惑もかへりみない残存業者の真意は容易に忖度《そんたく》出来る。なるほど量的にみれば取扱高は比較にならぬほど少くなつたが、その反対に物を扱ふ地位には大きな優越性が加つたと彼等業者は考へてゐる。つまり悪用の威力が非常に強く大きく、それが何んともいへぬ魅力なのである。蚊の涙ほどの配給物資でも取扱つておればこそ腹一ぱい飯も食へるし、普通家庭ではどうにもならぬ品物も手に入る……速かに配給機構に改革の勇断が下されて然るべきではあるまいか（湖畔住人）（信毎二〇・二・一五）。

「食糧営団の配給担当員をはじめ各商店などでは、配給物資の頭を刎《は》ねたり計り出しをする者が多くなつた」とある（信毎二〇・四・九）。食糧営団の配給担当員とは、つまりかつての米屋の店員である。昭和二十年二月、長野署によって摘発された配給米横領事件では、多数の配給員が検挙されて配達に支障が出たほどであったという。

長野市の事件にしても、横領した米は大体配給員が自家消費してゐる様である。米の配達といふ仕事は重い力わざであり腹も空く。幾分の増配は認められて居ても、重労の身体には少し足りない。それに市街地の配給員で毎月の実収百円前後、年に八十割程度の賞与が出る他に副収入は殆んど無い。しかも取扱つてゐるのが米である。各配給所に時々採用される新配給員も直きに退職してしまふといふ実情である。取扱物資の性格が異なるとはいへ、他の商業者の大部分が、少くとも自己取扱物資についてはまだに手加減の余地を残して居り、従つて他の物資を入手し得る可能性を持つてゐるのに較べて、曾《か》つての米屋さん達はかうした余地も全く無く、一面「平和業務」的取扱ひを受けて労報会員としても認められず、従つて作業衣などの現物給与もなくて、……（信毎二〇・二・一二）。

以上のように、この事件を論じた『信濃毎日新聞』社説は、むしろ営団幹部および営団を指導する県側に配慮を要求している。

## 料理店・飲食店

旅館、高級料理店、飲食店、酒場、花柳界は、遊興税、飲食税の再三、再四の大増税、酒や食料品の不足、労務調整令施行による青少年雇入れ制限強化などに圧迫され、転廃業を迫られていった。酒の配給は業者よりも働く者へ多く配給するべきであるとか（信毎一七・一二・一七）、温泉地を「少数の金持有閑階級の独占場たらしめてはいけぬ」（朝日一七・三・一五）、「産業戦士、若《も》しくは農民諸君の疲労を慰《い》藉《しゃ》する」（信毎一七・一〇・二九）場としなくてはならないという世論も高まっていた。業者の脱税や暴利をむさぼる行為にも、厳しい目が向けられていた。

昭和十六年十二月から翌年初めにかけては、開戦の緊張感で自粛されていたものの、夏になると県内への温泉客、登山客は増加していった。年末には「享楽街殷賑《いんしん》」に対する非難が沸き起こるほど、にぎわいをみせていた。ことに芸妓《げいぎ》を侍らせての官吏、工場・事業場・団体幹部の遊興が問題視された。「協議会、懇談会などの名にかられて行はれる宴会や、或は保養と遊覧に氾濫する温泉場の景気」（毎日一八・六・一九）は続いていたが、芸妓を侍らせる宴会は減ったため、昭和十八年には豊科《とよしな》町、大町《おおまち》、赤穂《あかほ》町、中野町、野沢町などで芸妓や置屋《おきや》の廃業が増加していた。昭和十九年一月中の松本市の花街における玉《ぎょく》代《だい》は昨年に比べざっと半減であるといい（信毎一九・二・二）、一方で映画館の入場者数は一二万人を超え、こちらは昨年比激増であった（同二・一五）。郊外の浅間《あさま》温泉では「新春以来一変し、従来絶対多数を占めてゐた所謂《いわゆる》〝旅の客〟が俄《にわか》に影を潜め、昨今では地元、殊に農村方面の浴客で殆ど充満してをり、毎日多い日で二千乃至《ないし》二千五百に達する。同温泉客のうち実に六割が地元農村の浴客といふ実情は、まづ今冬が記録的である。この他に産業戦士たちの休業日利用の小団体浴客もまた激増して、全浴客の二割乃至二割五分を占めてゐる」という（同一九・二・一五）。

昭和十九年三月五日、芸妓の出入りする料理店（揚屋《あげや》）八〇〇軒、芸妓置屋三九三軒、カフェー・バー一一八軒など一三三三軒、芸妓八五五名、女給一二六名が休業を命ぜられた（信毎一九・三・四）。「高級」なものを休業させ、「大衆的で健全」なものは必要に応じ飲食店として営業を認めるという県の方針は、各警察署を通じて業者に伝えられた。昭和十七年末、翼賛壮年団によって行われた宴会自粛運動に声援を送っていた『毎日新聞』長野版は、「いままで再三再四に亙《わた》つて遊興、飲食税の増税が断行され、去る十六日から半禁止的な三十割の増税が行はれても、これに逆行して遊興税の殷賑ぶりはいよ〳〵増加する実状で、遊興街に出入する階級は個人から、会社や工場その他団体など自己の懐ろの痛まぬ一部の階級によつて占められ、増税が如何に加はらうとも会社や団体などの交際費でこれを賄つてゐる」、「その弊害は工場能率の低下にも波及、工員と工場幹部の感情問題を起し、指導者は垂範が最も大切であるにも拘らず、幹部は平然として料理店に出入、いはゆる油酒を飲んで工員の侮蔑を買ひ、延《ひ》いては能率にも影響してゐた」と満腔《まんこう》の賛意を表明している（毎日一九・三・一）。全般的には芸妓を侍らせて高級料理店で宴会を催す客は減っていたと思われるが、この記事のような一部の人々の行為が、食糧品入手に苦労する一般の注意を引いていたのであった。また、休業措置にともなって、料理店で消費されていた食糧が、一般家庭用に回されることも期待されていた。北佐久地方の場合、「最近少くなつたとはいへ、業務用酒月約八十石の半分を料理店へ配給されてゐたと見ても、今後毎月浮く約四十石は重要勤労者方面へ配給出来るわけで、而《しか》も料理店は殆どが二級酒店だつたので、値は高いとはいへ甘い二級酒も一般家庭用に時折り配給されるものと見られる。このほか業務用砂糖月約二百斤の約半分乃至全量が節約されるし、仕出店を兼ねてゐた、め料理店へ配給された業務用飯米も全部で月に四、五十石見当が節約出来、また縁故或は闇で料理店へ流込んだ鮮魚野菜等も家庭方面へ流れることが期待される」とある（信毎一九・三・二〇）。

その後、三月五日に一律休業となった料理店のうちの三八%、「大衆的かつ健全なるもの、及び高級なるものといへども地方実情に応じて最少限度」は、大衆食堂に転換することとで復活が認められることとなった（信毎一九・三・三〇）。しかし「大衆化」は思惑どおりに進行せず、残存した飲食店が「高級化」する現象がみられた。「上田市内の二、三流どこ飲食店はめだつて出入客がふえて来た。座敷をもつ店のごときは数日前から予約でふさがるといふ決戦下憂《うれ》ふべき傾向すらあり、この結果一部業者の中には暴利をむさぼつたり、飲食店のもつ使命を忘れた経営ぶりのところもある」ので、上田警察署は「飲食店の使命を忘れたような高級化は絶対許されないことで、むしろ現在以上に勤労国民のための食堂であり呑屋であるよう大衆化することこそ必要である」との見解のもとに、取り締まりを強化し、不正業者を摘発した（同一九・三・二〇）。にもかかわらず、一般大衆が利用できる店にはならなかった。「最近上田市内の飲食店は殆ど毎日臨時休業、あるひは〝本日公休〟の札をかゝげて店を閉め、悪質なものになると早朝から〝本日売切れました〟の札を平然と掲げてゐる者もある。実際の所、市内で店を開ける日は一ケ月多い所で十日、少い所は五日位といはれ、一日一時間位で而も特殊な顧客に販売してゐる状況」と報じ、「全くこの頃は配給米が足りないので、家庭では子供を連れて飲食店へ行く者が多くなりましたが、一回で一人五十銭から一円位はかゝり、然も少し余分の金を払はなければ次の日は売り切れたといつて食はせてくれない始末です。……業者に配給する米なり酒、その他の物資を家庭へ廻して貰へれば食生活なども幾分ゆるやかになつて来ると思ひます」と市民に語らせている（同一九・六・二七）。業者側も「物の配給が少くなる一方であるから、少い物をどうしたら公平に一人でも多くに行きわたるようにするかの苦心が必要」とされていた（同一九・三・二〇）。大衆食堂の看板を掲げたものの「一部階級の人々のみが利用し、全然大衆性のないもののもあるので」、上小（上田・小県）地方事務所、市役所、警察署は業務用飯米の配給量に再検討を加え、公正を期すとある（毎日一九・七・二二）。十九年八月、上田市や諏訪市に「雑炊食堂」が開設されたのは、以上の結果であろう。上田市では、指定を受けた四ヵ所の飲食店に開かれ、子供の多い家庭や重労働に従事する人々に好評であるが、昼、夕とも開店一時間足らずで売り切れるという（信毎一九・九・一二）。その後、米四勺と野菜で一食三五銭は高すぎる、一部自由販売を許しているため不明朗な部分があるなどの非難があって、一食三〇銭に値下げされた（同二〇・一・二二）。

食糧事情が悪化するのに比例して、業務用飯米、酒などの配給を受ける料理店、飲食店の営業形態への風当たりは激しさを増していった。

> 誰しも不愉快に感ずるのは、今の料理店、飲食店のあり方である。人手不足の際、サービスの良し悪しは兎に角、原価二、三十銭のものを定食一円也、……驚くべき暴利を平気でしかも堂々と貪《むさぼ》つて（ゐ）る。それでも開業してゐる方はまだしも、多くは本日公休、臨時休業といふ木札をかけつ放しである。……配給の業務用物資の酒、米、油、砂糖、肉、いづれも誰もがのどから手の出るほどの貴重品が公価で、しかも楽に手に入ること、一ケ月の三分の一開店すれば生活には困らない……ことは小さいやう

だが決戦下禁物の不平不満もこんなところから生じやすい（信毎一九・一一・一二）。「県下共通の現象」として、「残存業者のうち特に飲食店の横暴振りは言語に絶するものがある」（信毎二〇・二・一二）と、飲食店の「閉店開業の情実売り、臨時休業の札のかけつぱなし、自家消費の事実、ツッケンドンな態度」を責め立て、「本土戦場化」の「きびしい戦局下」、「国民を納得させ明朗にする」のが政治の課題であると「当局の英断」を迫っていた（同二〇・三・一五）。業務用物資を一般家庭用に回したとしても雀《すずめ》の涙であることは承知のうえで、それでもわずかな不公平を許すことができなかったのである。業者のみならず、酒や料理を提供される特別な顧客への怒りや嫉妬をおしとどめるのは困難であった。県は二十年五月から、各警察署を通じて、「僅かな業務用の配給米をいま、でともすれば横流し、情実売り、物々交換に使つてきた飲食店を真に大衆のものにしようと」、迫られていた再整備に着手した（同二〇・七・一四）。外食券食堂と酒専門の二種にし、従来の約七割を整理する計画であった。松本市においては、六月に二四〇軒の一般食堂が六五軒になるという。なお、廃業店の九五％は女主人の店であるとのことは興味深い（同二〇・六・一四）。さらに七月にも整備すると、飲食店華やかなりし頃の一割足らずの残存率であるという（同二〇・七・一八）。

## 煙草の配給方法

嗜好品である酒や煙草の配給方法は悩みの種であった。長野県の酒の配給制は昭和十七年二月に始まった。上田税務署管内では、「呑まない者は他に融通して菓子や砂糖等と交換し、その間兎角の風評があるので、これの絶滅を期するため」に、十八年新春より、上戸《じょうご》から下戸《げこ》まで点数制にして差をつけた配給法を採用するという（日日一七・一二・一七）。三段階、あるいは五段階制にする方法は他の地域でも行われていた（朝日一八・九・一二）。十八年五月、酒の配給量は一戸当たり月五〜六合と発表があり、「酒を飲まぬ女や子供ばかりの家庭は配給を受けぬやう自粛を要望」されていた。県内における家庭用配給酒は、清酒と合成清酒が八割以上を占め、残りが焼酎とビールであった（毎日一八・五・二七）。疎開者が転入するようになると、酒の配給の有無、量の多寡をめぐって、疎開者と隣組、町内会の間にとかく争いが起こりがちであった（信毎二〇・八・二）。

煙草が配給制となったのは、昭和十九年十一月一日であった。その一ヵ月前の煙草屋の店頭風景について、次の記事がある。

> 毎朝時間売を実施してゐる煙草屋の店頭には、開店一、二時間前から長蛇の列をつくつて売出しを待ち侘びてゐる。……驕敵《きょうてき》米英と死闘をつくしてゐる決戦下の風景として賛成出来るものではない。……又行列買をする人々の中には官吏、有力者、金持

が見えないといふ事実は、官吏、有力者、金持が煙草を好まないと立証することが出来れば知らず、さうでない限りこゝに情実売をしてゐる内幕を暴露するものである。この売惜しみ、買漁りなどを解消することは、煙草飢饉を救ふ唯一の道で、このほか煙草の隣組配給を実施すればよい。隣組配給をするには量が少ないといふ理由は成り立たない。有るだけの量を従来の実績によつて町村へ配給、町村は隣組の実情を調査の上、総人員によらず割当ればよい。酒と違つて所定めず喫煙するものであるから、不当配給はすぐとわかるので常識によつて配給すればよい（信毎一九・一〇・三）。

十九年十月十六日、大蔵省専売局は「行列買ひや小売店の横流しなどを防止するため」、十一月一日から煙草の隣組配給を実施すると発表した。配給量は口付き、両切りは一人当たり一日六本、きざみは一人当たり一日六グラムで、隣組を通じて付近の小売店にその組内の成年男子中の喫煙者を登録させ、これをもとに五日ないし一〇日分ずつ隣組へ配給する。「この際女子の喫煙者にも供給するやう、適当に組内の喫煙者が相談の上、戦時国民としての良心をもつて醜い争ひ等せぬやう真の隣組精神により、明朗な配分を行つてほしいと専売局では切に希望」していた（信毎一九・一〇・一七）。十月二十六日までに隣組長が組内をまとめて煙草小売店に登録することになったが、その方法、配給の仕組みについて各地で混乱、誤解が生じた。「成年男子は一日六本の割当を受ける権利があるものとして喫煙しないものまでが割当を要求し、また婦人喫煙者への配給についても物議を醸してゐる」状況に、専売局長官からの回答は以下のようであった。

一、成年男子一日六本といふのは、隣組への配給量を決定する際の基準であつて、成年男子は一日六本の配給を受け得るといふ権利があるのではない。

二、この配給量を配分する際には、その隣組内の成年の喫煙者に分配するのであつて、男子女子を問はない。従つて成年男子でも喫煙の常習を持たないものには決して配給してはならない。

なほ、具体的割当に際しては、煙草がなければ生きて行けないものと、一日五、六本たしなむ程度のものとでは差等をつけるべきで、前者の場合は三本加配することが望ましい（信毎一九・一〇・二六）。

しかし、この長官の指示は多くの場合守られなかった。まず、女性喫煙者への配給について、長野専売局は次のように答えていた。

問　女子は喫煙常習者でも登録の資格はないが、隣組内で融通してもらふことは出来るといふ話だが？

答　さうです。登録資格は成年男子のみだが、隣組内で話合つて、成年男子登録によつて配給された煙草数量の範囲内でわけてやつてもらふのが近所のよしみといふものでせう。もつとも、この場合、登録した成年男子たちの実際に配給される数量は減ることになる。

問　例へば長野市の場合の権堂《ごんどう》とか、貸座敷などの実情からいふと喫煙常習の女子が相当多く住んでゐるが、かうしたところの隣組が成年男子数で受けた配給をみんなで別けたら、ホンの一日二本ぐらゐになつてしまふが……。

答　さうしたところは無理に分けなくてもよい。組内の分配は組長の裁量や組員の相談づくで、あまり少くなる様な場合など、喫煙女子であつても遠慮してもらへばよい。また喫煙女子には少い割合でわけてやつてもよい（信毎一九・一〇・二五）。

実際に、女性喫煙者に分配されたか否かは不明である。煙草の隣組配給について飯田市民の声を取りまとめたものの中に、「相変らず婦人喫煙者のために代弁してゐるものが多く」と否定的に記されていることからみて、女性喫煙者の要求と言い立てて、実はその家族が物々交換用に欲していたという下心が見え透いていたのであろう（信毎二〇・二・七）。「今日、婦人の銃後における現実の役割がいかに重要であるかは、今さら論ずるまでもない。もとより絶対数において男に比し女の喫煙者が少いことは明かなるも、苟《いやし》くもすでに喫煙してゐる女の愛煙の程度は、男と何ら異ることなきは、これまた論なし」と、男女平等の配給を提案する投稿も全国版には掲載されていた（毎日一九・一〇・五）。しかし、恐らく専売局長官の指示は届かず、近所のよしみも顧られず、女性喫煙者は受配を遠慮させられたであろう。

女性喫煙者を押しのけて、非喫煙者だった男性が喫煙者と同等の配給を要求して譲らなかったことが問題となった。

ザラにある例は登録者にはたとへ喫《す》はない者がゐても平均配給することである。従つて従来からの喫煙者は一日六本で我慢してゐなければならぬのに、喫はなかつた連中が買溜めて横流しへ――といふことになつて明朗を欠いてゐる。……どうも配給制は失敗ではないかと思へる。かりに配給制度はよろしいにしても、隣組長に押しつけたことは確かに失敗であらう。寧《むし》ろ自由販売への逆戻りの方がいろ〳〵な角度からみてよろしくはなからうか（信毎一九・一二・一六）。

いつそのこと、この際地方の小売店制を全廃してしまつて、配給を町村役場へ移管したらどうだといふ説がある。さうして日用品の切符制と同様扱ひにすれば、公正が期せられる。それと同時に婦人の喫煙者には相当量の配給を認めるとともに、吸はない者の分まで配給してゐる現制度を改廃する必要があらうと思ふ（同一九・一二・九）。

平等を期待して隣組配給を望んだはずが、実施一ヵ月もたたず「悪平等」への不満が続出するありさまであった。

『信濃毎日新聞』コラムは、町内会・部落会、隣組を指導する大政翼賛会に苦言を呈している。

県の翼賛会では現下の悪平等配給を適正配給の方向に進めるべく、指導を強化するといふ。最近隣組配給となつたタバコの如き、当局の指導方針は「喫《の》む者だけに」といふにも拘らず、「悪平等分配」がかなり多い。ある観察者は、「悪平等配給」が全体の半を占めてゐるのではないかといつてゐるが、まづこの問題を片づける必要があらう。翼賛会が百も承知の如く、相手は手ごはいのである。指導的地位にある連中にして「悪平等配給」を強要してやまぬものが相当にある。隣組長が「喫まぬ者」であるとするならば、その隣組は、概《おおむ》ね「悪平等配給」をやつてゐるものと判断して、大過ない状態だ。厄介なことには、酒の先例がある。悪例である。男一匹健在であつたが最後、呑む呑まぬにお構ひなく行き渡るのが一般だ。……しかもなほ、喫まぬ男、呑まぬ先生には言ひ分がある。酒やタバコをよこさぬといふなら、なにかそれの代償となるものを配給してくれるが当然ではないかといふのである。嗜好品を遠ざけて、孜々《しし》営々《えいえい》と真面目に働いてゐるものの立場を、認めてくれてもよかりさうなものではないか、といふのである。翼賛会は、この主張を、いかなる論法をもつて、サバキをつけんとするか。物が窮屈となれば、何とかして手に入れる工夫の一つに物々交換がある。そこへ持込まんがために、悪平等配給を要求してやまぬのが底意であることは瞭然たる事実だ。物々交換封鎖はいふべくして行はれ難い。恃《たの》むところは、国民の道徳精神昂揚にあるのみだ。さうなると、指導階級の率先垂範にまつ以外にない。翼賛会はモウ少し、指導階級に対するニラミを持たねばならない（信毎二〇・二・二）。悪平等にまで牽引してやまない人々の平等志向は手ごわく、これに抗するような力は翼賛会にもなかったのである。

**地域差**　食糧品や生活必需物資の多くが配給制に移行すると、なぜ自分の所には他地域より少ないのかという不満が当局に向けられる。

旅行する人々や疎開者により、各地方の物資配給、存在の相違が体験され話題を提供しつゝある。最近その地方的開きがヒドクなつたといはれてゐる。これは六かしい問題で、当局としてはむろん公平なるべく死力をつくしてゐるのだが、如何せん輸送力を最大とし、その他種々の支障がある。……例へば菓子の如き、これまた地域的にいろ〳〵違ふ。量的にも、また配給を受けるものの年齢も一様でない。この場合、問題はむしろ後者だ。東京では十五歳まで支給する。しかるに、ある県では十三歳まで配給するが、また長野県の如く学齢前のものにしか与へないところもある。東京では学童にも与へ、長野県ではアッサリ除外するといふことは、いかなる理由にもとづくであらうか。これは輸送力といふ条件ではなく、別個の考慮によるものと考へられる。その理由を明かにして、納得せしめることは、政治の親切といへないであらうか（信毎一九・四・二四）。

府県ごと、市町村ごとの相違が人々の注意を引くようになっていた。物資が乏しくなり、貴重になればなるほど、たとえば隔月に一個ずつ配給された乳児用石けんについて、村ごとに個数が異なるのかと尋ねずにはいられなかったのである（信毎二〇・五・二九）。わずかの相違にも、人々が神経を尖らせていた。

新聞に鰹節の公定価格改定記事が出てゐた。田舎住ひの我々はここ三、四年こんな品は見たことがない。……公定価格が改定される以上、現物は流れてゐるに違ひないのだが、一体この品がどこへ行くであらうか。歳末で年取り魚の配給があるといふ。戦ふ今日たとへ一切の魚でも配給して貰へることは感謝しなくてはならない。だが果してその流れ方が公平に行くだらうかを鰹節の例から考へて不快に感ずるのだ。……大体配給されると予報されてゐながら影も形も見せぬものが多い。また市部と郡部と区別をする事も考へものだと思ふ。郡部といつても、須坂でも伊那町でも町民生活は六市の市民生活と変りがないのである。……これらの住民の生活を一率に決定する事は慎重な態度でやつて貰はぬと不公平が生ずる。物資が逼迫してくると無いのは我慢するが、恐ろしいのは不公平であり、それから来る不満である。当路者の再考を望む（信毎一九・一二・二七）。

県内の市部と郡部で、市街地と農村では配給生活にも差があった。総じて農村の末端まで物資は行き渡らなかった。元来商品が豊富で人々の購買力もあり、生活の質が高く、それに沿って配給機構も整備されていた大都市からの疎開者は、野菜など副食品の入手にあたって、配給機構の不備な農村生活の不便を嘆かねばならなかった（信毎一九・五・二九、同二〇・一・一二）。その落差は大きかった。不足分をすべて購入に頼らざるをえない疎開者の消費行動は、自給度が高くつましい生活を強いられている農村の中では浮き上がって見え、購買力をもつ疎開者の「買ひ漁り」が周辺の物価をつり上げると反感を買うことになった。疎開者を受け入れた地方へ、生活物資を移してくれない大都市への不満とも重なった。

当路者が地域差を全く考慮していなかったわけでもない。昭和二十年二月二日、衆議院の委員会質疑において、農商省繊維局長は「十九年度の後半期から繊維事情は相当窮屈になつたので、十分な衣料品を供給することは出来ない」と断ったうえで、「寒暖地は従来差をつけてゐなかつたが、この冬になつて痛切に判つた。シヤツ、ズボン下のない子供が東北方面にゐる実情なので、今後は寒暖の地に適当した品質の衣料品を配給する考へだ。

寒地へは時期を早めて現品を送る方針だ」と答弁した（毎日二〇・二・三）。この方針どおり配給できたかどうかはわからない。また、昭和十九年度の貯蓄割り当ては「概して物資の豊かでない大都市よりも、一般府県に重く、また同一府県でも、市よりも農村地帯に重い傾向」があった。長野県に割り当てられた額は、前年比六四％増の四億六〇〇〇万円であり、「末端への割当にあたつても、やはり同じ工夫や慎重さが望まれる」と、『信濃毎日新聞』社説は述べている。もっとも、この社説中興味深いのは以下の主張である。貯蓄はインフレ抑制のためと承知しつつ、しかし「貯蓄が苦しみとなり、物資不足と相俟つて国民士気の萎縮《いしゅく》を来たす」危険を指摘する。「強制」と「『国のため』のみ強調して『身のため』を無視する傾きがある」、「今までのやうな窮屈なやり方」を改めて、「身のため家庭のためを強調」し、「家具調達貯金とか住宅建築貯金」などの楽しみとなるような名を付けてもよいではないかと提言している（信毎一九・四・二五）。「国のため」という名目では、これ以上重い負担を国民に強制することは難しくなっていたのである。人々にとって個人のため、家庭のための方が、具体的には家具を調え、家を建てるという夢の方が、「国のため」より優先されるという本音が露出した一場面であった。

## 工員への特配

「産業戦士」と呼ばれるようになっていた工員用として、軍需工場や事業場には生活必需物資が特別配給された。それが一般家庭に比べて隔たりがあり、公平さを欠いていると問題視された。軍需生産増強の大義名分に便乗して、直接は生産に関係しない物資まで当局に申請、獲得しようとする工場、事業場もあった（信毎一九・七・一七）。特配を受けた工員の中には、これを横流しする者も出て、「工場に勤めれば、配給ものだけで儲かる」と「近隣の者に対しては好ましくない反響」を招くことがあった（同一九・七・三二）。また、工場と工場、工場内での均衡について不明朗なことが多かった。

「隣の工場へ酒や地下足袋が配給になつたが、俺の工場へは来ない」、「俺の工場は隣の工場より大きいのに配給物資が少い」、或はまた「幹部が配給物資の頭をハネてゐるらしく、いつも俺の工場は配給量がすくない」、「軽作業の職場と重労働をする俺のところと配給量は同じであるが誠にけしからん」などと、工場、事業場の産業戦士に特配される物資をめぐつていろ〳〵な不平不満または疑心暗鬼の声が起つてゐる。この特配物資の配給が公平であるか不公平であるかによつて、工員士気、工場内の親和に大きな影響をおよぼし、ひいては勤労管理、生産増強をも左右する工場管理の重大な要素である。しかし、現在産業戦士用物資の配給網は多元的で、工場幹部の政治的な動き方によつて、同じ環境でありながら工場毎に配給の品目や量が異つてゐる（信毎一九・一〇・一〇）。

県と産業報国会県支部は、「明朗適正配給」をめざして新しい配給機構を検討しているという（同右）。

**均しからざるを**

決戦生活は既に乏しきをわかち合ふ徹底的な配給生活を要求してゐる（信毎二〇・一・一三）。

誰もが少ない食糧や物資を分け合って、同じ生活内容で日米決戦の勝利に向かって挺身しなければならないと、徹底的な「平等」、「公平」が追求されていた。

人には公平を要求する本能がある。消費生活における「乏しきを憂へず、等しからざるを」から始つて、生産場面においても、供出割当の公平、すゝんで作付種目の公平要求にまで発展しつゝある（信毎二〇・六・一三）。

農村においても、肥料配給量をめぐって「飯米農家」（小規模農家）に比べて大規模農家が少なすぎると（信毎二〇・六・二）、貯蓄割り当てをめぐって闇収入の多い多角経営農家に比べて米専業農家に重すぎると（同二〇・二・一六）、いもの作付けは一般農家より供出量が少ない果樹農家に割り当てるべきと（同二〇・一・二四）、その他保有米を持つ者と持たない者との不公平（同二〇・八・一二）、農業要員指定をめぐる不合理（同一九・一一・二四、同二〇・一・一七、六・三）などが言い立てられていた。

「乏しきを憂うるに非ず、均しからざるを憂うる」（信毎一七・一・一九）との言葉が、常に引き合いに出されていた（原典は『論語』巻第八季氏《きし》第十六の「不患寡而患不均」、寡《すく》なきを患《うれ》えずして均《ひと》しからざるを患う）。「平等」、「公平」が大衆の総意として、あらゆる場面で追求されていた。とりわけ望まれたのは階層的平等、地域的平等であった。男女平等は三、四歩後れていた。むろん豊かな生活が切に希求されていたのではあるが、「戦時下」、「決戦下」では実現不可能と観念されていた。豊かな生活は勝利の日まで保留という前提のもと、「自由」を遠慮し、極限の耐乏生活をこらえる代償は「平等」、「公平」の実現であった。

物資を隠匿、売り惜しみ、闇売りする商店、飲食店と、情実、縁故で物資を入手する有産者が反感を買った。官公吏、国鉄職員、工場幹部の役得行為にも批判が集まっていた。このような上位者、すなわち指導者の率先垂範が叫ばれていた。職務を全うすること以上に、彼らが率先して庶民同様の乏しい「戦時生活」を実践すること、要するに彼らの豊かな生活を切り下げることが求められていた。また、中央と地方や各県ごとの格差、市部と郡部の区別の是非が問われ、工員家庭と一般家庭・農家との（信毎二〇・五・一〇）、工場相互、工場内で、農村内での配給格差に不満が表明されていた。米と同じく味噌の配給にも地域差・年齢差をつけるべきとの声もあった（同二〇・二・九）。酒や煙草の配給においては、「悪平等」にまで至らせるほどの均霑《きんてん》圧力が働いた。戦争への参加、協力という大義名分を背景に、その力は行政当局も制御不能なほどに強まっていたのである。次はこのような大衆の意向を背に、有産者を攻撃する「戦時生活」徹底運動を展開した長野県の翼賛壮年団について触れておきたい。

# 翼壮――「右翼化した左翼」



## 国民健康保険組合

長野県の翼賛壮年団（翼壮）は、昭和十七年一月創立の大日本翼賛壮年団本部より早く、前年五月に結成された。十七年四月のいわゆる翼賛選挙、次いで地方選挙に活躍した。その後、長野県の翼壮が「行き過ぎ」と批判されるような急進的な運動を展開したのは、十七年夏から翌十八年春にかけてであった。「決戦体制確立」、「翼賛体制確立」、または「戦時生活徹底」、「戦争生活確立」などの標語のもとに行われた活動について、昭和二十九年に刊行された『翼賛国民運動史』に記述はない。本書では新聞各紙の報道により、その運動の意味を検証してみたい。

国民健康保険組合未設置解消運動に、翼賛会と翼壮が積極的に乗り出すと報道されたのは、十七年六月であった。この時までに県下三八二市町村中の一四七市町村に設置され、全国一の普及度ではあるが、さらに徹底し「貧しいために医者にかゝることが出来ないといふやうな悲劇の絶滅を期すと共に、百八十万県民一人残らず元気で、職域奉公に邁進《まいしん》出来る一村一家の翼賛体制確立を目指す」という（日日一七・六・一三）。

小県《ちいさがた》郡と上田市の翼壮は十七年七月以降、この運動を展開していった。未組織市町村の「暗礁となつてゐるのは頑迷な有産階級で、かれ等は分担金と一ケ年の医薬料とを算盤《そろばん》ではじき、加入を肯《がえん》じない傾向にあるので」、小県郡翼壮は「膝詰談判で加入誓約書をとり、その他常会に出席、組合の機能を解説」するとある（日日一七・八・六）。小県郡では九月二十二日までに「一瀉《いつしや》千里で」全村設立を完了、さらに保健婦設置を計画中であった（信毎一七・九・二四）。上田市でも「全般的には持てる階級が加入を忌避する傾向が強く、ある商店街のごとき五割といふ不成績さで、市はこの方面の啓蒙に一段と努力、場合によつては翼壮幹部は加入を拒む家庭を直接訪問して諒解を求めることゝなつた。持てる階級の組合設立を喜ばない理由は、負担金が市民税を基準とする結果、水準以下の市民の医療費までを負担することになるといふ点にあるらしいが、食ふか食はれるかの大戦争下、国民一人でも健康にして、生産戦に頑張らせなければならないといふとき、この傍観者的態度はあくまですてゝほしいと、翼壮側でも強く呼びかけて」いた（同一七・一二・一九）。上田市の組合は、十八年四月から事業開始の運びとなった（同一八・三・一一）。

## 宴会自粛

昭和十六年十二月の開戦から翌年初めにかけての緊張感が緩み、十七年後半には「『勝つたから先づ一服』といつたやうな弛緩した気持が銃後にはないか」と指摘されるような傾向があった（信毎一七・一〇・六）。「銃後の一人残らずが戦場精神を昂揚して、同甘共苦の戦時生活をもつて前線の決戦にこたへて起たなければならぬ秋《とき》」、「県下の花柳界、温泉地、盛り場における景気はすばらしいものがあり、遊興飲食税は鰻《うなぎ》のぼりの昂騰《こうとう》を示して、最近ます〳〵目にあまる有様なので」、翼壮は暮れから新春の宴会自粛運動を行った。「思へ前線・宴会自粛」、「芸者の笑顔より子供の笑顔」などのポスターを作成、まず「県庁のお膝元たる長野市権堂《ごんどう》花柳界の粛正」から始めるという。「最近の花柳界の有様を見れば、日本人なら誰でもこれでい丶のかと叫びたくなる。壮年団としては多少の摩擦を覚悟して断乎やりぬく決意だ。それには先づ壮年団自身があらゆる宴会を辞めて欲しい」と、県翼壮木下本部長談であった（日日一七・一二・二〇）。しかし、長野市内で監視を強化すると「時局懇談に藉口《しやこう》した官庁関係等の宴会」が南の戸《と》倉《ぐら》温泉へ、あるいは北の湯田中《ゆだなか》温泉へ移動、上田市内の忘年会、新年会は、郊外の別所《べつしよ》温泉、田沢《たざわ》温泉などへ流れがちで、それぞれ地元の翼壮が対処して目を光らせると報道されている（信毎一七・一二・二五、二六）。また、翼壮は温泉地、花柳界の「健全化」を推進しようとしていた。温泉地に対して風紀改善とともに「都会の有閑人士」の独占を廃し、

「厚生施設として重要産業戦士慰安のため」開放すること、花柳界に対しては「宴会等も産業戦士向きに廉価実質本位」に営業すること、つまり、都会人や有産者が独占していた娯楽地を、地元人や一般大衆へ明け渡すことを迫っていたのである（毎日一八・一一・二四、二・一六、一九）。

## 闇撲滅・結婚改善

翼壮は年末の街頭に立って度量衡《どりようこう》と公定価の検査を実施、不正を行う商人に厳重注意を促す闇値撲滅運動も行った（信毎一七・一二・二八）。昭和十八年一月、長野市翼壮は「現在一般市民の質実な銃後生活の反面、一部階層には依然根強い旧体制の生活部面が潜在し、国策への一致協力を阻害してゐる傾向があり、例へば結婚式服等で禁制の衣類をひそかに購入しようとするもの、ことさら華美な結髪《けつぱつ》を行はんとするものなど不心得なものがある」ので、市内の写真、結髪、染色、呉服などの業者代表と懇談し、業者側から客に反省を促すよう協力を要請した（中日一八・一・二二、毎日一八・一・二二、二四）。上伊那郡翼壮は、裾模様の花嫁写真を写真業者の店頭から撤去させるという（信毎一八・三・三一）。

昭和十七年以降、県は方面委員を動員して結婚斡旋事業を開始する一方、結婚改善、すなわち簡易結婚の指導を行った。結婚費用を軽減し、早婚に誘導しようとするもので、各市町村では見合い、結納、結婚式、披露宴、引出物、式服、髪型、家具調度などについて、費用の上限を定めたり内容を規制する申し合わせを取り決めた。県は公営結婚を奨励し、「古い習慣から抜けきらない婚礼をできるだけ簡略にして、中流以下の人達の重荷を軽くしようと」、下高井《しもたかい》郡では町村営結婚の実施に踏み切った（中日一八・二・二七、毎日一八・三・一九）。

結婚費は、ことに嫁を出す側は多額の支出を要し、階層による上下差の大きい費目であった。多数の招待客、豪華な式服と家具調度、ふんだんな酒と料理は、上流階級の「家」の体面を保つうえで譲れない部面で、闇値での調達もいとわれなかった。昭和十七年七月の上高井郡翼賛協力会議の席上、ある女性協力会議員が「戦時生活（結婚改善その他）は最も下の階級の生活を見て、これを標準にした生活態度を確立し、町や村の有力者、指導階級の人から率先してこれを実践して貰はねば、どんな申し合せをしても無駄であると、指導者上層階級の生活態度の刷新を力説して多大の共鳴を呼んだ」という（日日一七・七・二八）。確かに申し合わせや自粛要請も効果が薄く、「指導階級の率先垂範」、「指導階級の覚醒」が叫ばれていた。

**金属回収**　長野県下における金属回収は昭和十六年に始まり、十七年から十八年にかけて第二次、三次と繰り返し行われた。翼壮がその先頭に立って労力を提供し、婦人会、青年団などとも協力して、巡回、督励を行った。以下は上田市周辺の十八

図9　本牧村金属回収記念（昭和17年，大草敏茂氏所蔵，『望月町誌』別巻2，2003年より）

年の年初の光景である。

上田市内は商店の看板は悉《ことごと》く撤去され、鉄柱は木柱に変り、下水の鉄蓋は木蓋に変つて街はその様相を一変し、全戸の家庭から殆ど金属といふ金属は全部撤去、供出を終つた。又郡部では、……祖先伝来の家宝の什器《じゅうき》も惜しげも無く供出され、寺院からは古色そうぜんたる仏像、神社からは参詣人の奉納に係はる降魔《ごうま》の剣も悉く応召を終り、諸官衙は事務室の机の金具が紐《ひも》に代る徹底振りを示した（信毎一八・一・四）。

然し翼壮のにらんだところではなるほど人の眼のつくところの鉄銅

は全部さゝげつくしたが、まだ〳〵土蔵や押入れのすみを探せば、米英をたゝきのめす貴い材料はかなり死蔵されてゐる。出しおくれた人や忘れた人々に、他日非国民の恥をかゝせてはならないと再び供出運動を起すことになつた。……場合によつては幹部は目ざす家庭を訪れて懇談することゝなつた（同一八・一一・三〇）。

北安曇《きたあずみ》郡下でも第二次回収が十八年正月にかけて行われていた。大町《おおまち》の百十二パーセントを始め、郡内各町村は殆ど割当量突破の好成績を示して居るが、町村民中一部供出しないものもあるので、全部供出したものに対する均衡上面白くない現象を呈するので、池田《いけだ》町を始め各町村凸凹を均《な》らすための残物供出第三次回収運動を展開することになつた（信毎一八・一一・六）。

「骨董《こつとう》、花器、床置等を所持せる者が、美術品であるとか、由緒《ゆいしよ》ある品であるとかの理由で供出を渋り或は隠匿する傾向」は各地で強く、翼壮に加えて「警察署員の応援を求めて順次各戸を歴訪」するとしたところもあった（信毎一七・一一・二二、一一・七）。骨董を所持する、あるいは家宝の什器がある家とは、有産者層に属しているはずである。当時、所蔵する家財道具の質、量における階層差は非常に大きかった。必要最少限の家財道具しか持てない下層と異なって、上層の家では冠婚葬祭の客用の什器まで備え付けていた。翼壮の標的は、銅鉄類の什器も多数所持していた上層の家々であった。

地域によって程度の差があったらしいが、三回目以上となると徹底的な供出とならざるをえなかった。上から命ぜられた割り当て数量が、あまりに大きすぎたのである。十八年三月、小諸《こもろ》町では割り当ての一・七倍を達成したという中で、供出された銅竈に水茎《みずくき》の跡美しく、

くりやべに三十年余り共にせし
　竈《かまど》愛しや今日ぞいで立つ

召されゆく床置火鉢竈など
　見送りにつゝさびしみのあり

など、三首を記した短冊が添えられていたという（毎日一八・三・一二）。平凡な歌ではあるが、半強制的に供出させられた主婦は、結婚生活を共にした道具類に対する愛惜《あいせき》の情を表現せずにはいられなかったのであろう。嫁入道具として持参したものも含まれていたのかもしれない。歌を詠み書をたしなむ中年（五〇歳を過ぎていれば当時は老年扱いであったが）女性の属す階層は、おのずと明らかであろう。

十九年一月にも県翼賛会、翼壮は「玉砕勇士《ぎょくさいゆうし》の復仇戦《ふっきゅうせん》」のための飛行機材料にと、家庭金属一斉回収を行った。「現金の献納をも受付けるが、あくまでも金属供出に重点」をおき、「それが家宝であらうとなからうと、鉄や銅と名の付くものは残らず供出しよう」

と呼びかけている（中日一九・一・七）。

## 有閑女性と犬

昭和十八年一月、松本市翼壮は国民皆働運動の一環として「今回は全県的運動に呼応して市内のお妾さんを徹底的に調査、名簿に登録の上、当人は勿論、旦那とも懇談、お妾に重要産業人へ転業を勧奨」するとある（毎日一八・一・二八）。運動のその後を伝える記事は見当たらないが、恐らくお妾さんを囲う有産者の抵抗は強力であったに違いない。

中流以上階層の家の「有閑女性」、すなわち女学校卒業後、家居していた未婚の娘たちが女子挺身隊に編入されて、軍需工場へ動員されるのはこの年の末以降であった。また、翌十九年二月、国民職業能力申告令改正により、女子満一二歳以上四〇歳未満の配偶者なきものは申告が必要となった。この改正での注目点は、未亡人や「正妻でないお妾さんやこれに類するもの」が申告せねばならなくなったことであるという。「先年松本市会で特殊な課税対象案として、市内のお妾さん調査を行つた例にもあり、大体松本市内のお妾さん及びこれに類するものは二千五百名を下らないといはれるから、この方面だけでも相当数の登録を予想されてゐる」とある（信毎一九・二・一五）。二五〇〇名とは、芸妓、女給や周辺の接客業の女性を含めての数字であろう。この記事によれば、松本市会の調査もあったことになる。

米の配給量が二合三勺となり、さらに「綜合配給」の名のもと、麦類などと抱き合わせ配給が行われる十七年夏ごろから、駄犬整理を求める声が出てきていた。こうした「下情上通」に、県は「畜主に対し自発的に飼養を廃止せしむる様、翼賛運動の一翼として実施せられ度《たし》」と回答していた（信毎一七・七・九）。窮迫する食糧事情の中で、愛玩用としての犬を飼うことは遠慮すべきであるというわけである。それは犬税を支払い、犬にも食べさせる余裕のある階層への非難であった。この後畜犬の献納、つまり屠殺が十七年十一月に下高井郡で、十八年三月に下伊那郡で、翼賛会、翼壮、警察署を中心に呼びかけられていたことがわかるが、一気に事が運んだわけではなかったらしい（同一七・一一・一一、同一八・三・二四）。十九年一月、諏訪《すわ》郡では「大体郡内のみで年八十石の貴重な決戦食糧を犬が食つてゐる。急迫せる決戦を勝ち抜くため、天然記念物としての保護犬、軍用犬以外は愛犬を進んで大みいくさに捧げよと、郷軍（在郷軍人会）分会、翼壮、日婦（大日本婦人会）などが警察と連絡し、全飼育者に犬皮献納を勧奨する」とある（朝日一九・一・八）。

軍需省が全国の飼い犬の強制的供出を決めたのは、十九年十二月十七日であった（『家庭史年表』）。二十年二月十二日付県警察部長、内政部長名「犬肉利用ニ関スル件」の通牒が出ている（『長野県史』通史編）。「野犬、番犬の根こそぎ供出運動が近く全県的に展開される」ことになったのである（信毎二〇・一一・二六）。

## 急進化する翼壮

昭和十七年後半から十八年春にかけて、翼壮の運動は多方面に展開されていた。当初は行政当局、翼賛会と足並みを揃えていたが、次第に急進化し独走するようになっていった。国民健康保険組合、闇撲滅、金属回収など、彼らの照準がどこに据えられていたかは以上で明らかであろう。

上田市翼壮は上田市商工会議所と共催で、十七年十二月に「時局突破指導者錬成講習会」を企画し、「市会議員、市役所幹部、商工会議所役員、各商組理事長」に対し、「自我功利の念を去らしめ、一段の奮起をうながそう」と訪問して参加を勧誘した（信毎一七・一一・二二）。しかし「参加を狙った一流のお歴々の申し込みはほとんど皆無といってもい、くらゐ、例によつて勤労報国運動や商報推進員として常に指導の一線に挺身してゐる青壮年のみ」であった（同一七・一二・二九）。他地域も同様で、南佐久《さく》郡では市町村議は錬成に不熱心であり、講習出席率四三%と伝えられている（日日一七・一一・八）。同じ頃、翼賛会主催上高井郡協力会議では、「老朽指導者を潑剌《はつらつ》たる壮年指導者によつて交代せしめよ」の発言があった（同一七・一一・一二）。翼壮は戦時即応体制確立の名のもとに、急激な革新を志向して、動きの鈍い「お歴々」、すなわち現状維持的老年指導者層、ことに町村長、官吏、さらには翼賛会とも溝を深めていった。

## 米英色一掃

昭和十八年一月、内務省、情報局は米英音楽約一〇〇〇曲のリストを発表、「敵性」音楽の追放に着手した（毎日一八・一・一五）。二月には週刊誌『サンデー毎日』が『週刊毎日』に、総合雑誌『キング』が『富士』に誌名を変更するなどの動きがあった。

県翼壮は二月十日付、木下本部長名による「米英臭一掃運動強力展開方」通牒を下している（『長野県史』近代史料編八－二）。この通牒によると、運動目的は以下のようであった。

郡市殊ニ繁華街ニ於テ末《（未）》ダ跡ヲ絶タザル米英臭ヲ排除シ、以テ前線ニ呼応スル国民ノ生活態度振作ニ資シ敵愾心《てきがいしん》ノ昂揚ヲ図ラントス

この目的のもと、「都市ニ於ケル各商店、洋裁講習所、理髪店、美容院、飲食店等ノ名称ニシテ露骨ナル米英迎合的ナルモノヲ廃止又ハ訂正セシム」とし、「米英化」＝洋風化の先行していた都市の街頭風俗が矯正の対象となった。

二～三月にかけて、県内各地で「米英的」レコード回収、米英国旗の撤去、飾窓（ショーウインドウ）の外国風人形（マネキン）の処分、外国風の店名の変更などが行われた（毎日一八・二・一六他）。松本市翼壮、松本音楽協会は二月以降、敵国人作詞作曲のもの、日本盤でもジャズや頽廃的流行歌の回収を呼びかけ、四月初めまでに五千三百余枚のレコードを回収した（同一八・四・八）。前記翼壮の通牒には「行過ギニ陥入ラザル様」との注意

が付されていたが、長野市では何らかの「極端な行過ぎ」が起きたらしく、長野署はそれに警告を発していた（信毎一八・三・八）。そもそも「米英色の一掃」は、後述のように十八年三月の常会徹底事項の一つであり、翼壮のみならず、各警察署も指導に当たっていた。また、新聞各紙も煽動的な記事を掲載していた。

たとえば『朝日新聞』長野版は十八年二月十八～二十日、「鬼畜の仮面をあばく」を連載、その副題は「軽井沢に跳梁《ちょうりょう》した米英罪悪史」であった。四月八日同紙長野版は、「けしからん敵国の歌／長野高女音楽教科書に善処」の見出しで、長野高等女学校が選定した音楽教科書中に「英国国歌を始め、米英民謡が多数あり、生徒や父兄に奇異の感を懐《いだ》かせてゐる」と告発した。その教科書とは昭和十四年三月十一日文部省検定済の『改訂標準女子音楽教科書第一編』で、「廿四頁に参考曲として英語歌詞付の英国国歌、次頁の米民謡追憶を始め、故郷の夢、英民謡野寺の鐘等、米英民謡が多数掲載され、ハワイ民謡『アロハ・オエ』は写真まで添へてある」という。記事中の校長と県教学課の談話も紹介しておきたい。

〔校長談〕よく見てゐないので知らないが、文部省検定済でもあり、音楽の先生が新しいので前年のを踏襲したのだらう。もちろん米英歌曲はいけないが、そのうち文部省からはつきりした指示があるだらうからそれに則《のっと》つて扱ふつもりだ。

〔教学課談〕そんな教科書があるとは知らなかつた。早速とり寄せて研究してみる。たとへその歌曲だけ抜いて指導するといつても生徒は教科書を見るのだし、いけないといへば一層覚へたがるだらう。なんとか善処するつもりだ。

それまでの高等女学校教育が、一方で伝統的、保守的修身教育に重きをおきつつ、他方で英米モダン文化を培養していたことを物語っていよう。高等女学校生徒の出身階層、すなわち中流以上階層に浸透した英米モダン文化は、容易に払拭できるものではなかった。

## 行き悩む運動

翼壮の運動は以上のほか、供米、貯蓄、節電、結核撲滅、長髪やネクタイ廃止など、多方面にわたっていた。昭和十八年には、運動方針の転換が計画されていた。「これまでの運動は重複多岐でほとんど応じ切れぬ声もあり、また実績も思はしくないので……国民皆働、有閑追放、闇撲滅、有閑地開墾、転廃業促進など適宜な処置を講じ、その実践推進は下部組織の選択にまかせ」、「明年度はとくに食糧増産一本槍で」進むこととなった（朝日一七・一二・一三）。この記事は、翼壮運動が見直しを余儀なくされていたことを示唆している。

食糧事情の悪化により、十六年十月以降、農地作付統制が一段と強化されていた。長野県では、桑、果樹、花卉《かき》などの作付転換割当面積が他県に比して大きかったという。行政、警察、翼壮が、食糧農作物（稲、麦、甘藷、馬鈴薯、大豆）への作付転換を強制していたが、収益性の高い果樹（特にりんご）における統制違反が広範に生じていたとされる（坂根論文）。

まず、県本部の方針に従わない団が出ていた。十八年二月、「花卉《かき》、果樹減反運動に対し、或る一部地方に運動展開に入らざる団あり、速かに運動を展開、率先実行されたい」と、木下本部長名で各郡市団長宛「強行指令」が出された（毎日一八・二・一九）。利益の多いりんご園を減反し、米・麦・いもへ転作せよとの指令には、果樹農家団員の場合、容易に従うことはできなかったであろう。

次に翼賛会、ことにその町村支部長（町村長が就任していた）との対立が鮮明になっていた。たとえば、翼賛会県支部が指示する十八年三月の常会徹底事項は以下のようであった。

△米の供出と甘藷、馬鈴薯の増産…△貯蓄…△電力、瓦斯《ガス》の節約…△米英色の一掃…△防諜…△船舶車輛《しやりよう》用木材の供出　立木所有者は割当供出を負担、また並木林、屋敷林、神社仏閣の森林を出来るだけ供木、献木すること（朝日一八・二・二〇）。

翼壮の運動は、これらの項目を単なる呼びかけに終わらせず、即時徹底的に実践しようとするものであった。木材供出をめぐっては、山林所有者の町村長や町村有力者の抵抗が強かった。

森林の木曾谷へ今秋相当な供出割当があつたが、有為な森林を所有するもののうち、未だ時局を認識せず、容易に手放さうとしないものが少くないため、全町村の供出遅れ勝ちである状態……（信毎一七・一一・一四）。

供木運動が強行された地域もあり、北安曇郡の荒廃地復旧事業事務所は「伐り急ぐの余り保安林を伐採しないやうに」と警告した（信毎一八・三・一一）。森林の少ない村では屋敷林や神社の神木も伐られ、「護れ神域の尊厳／供木はまづ一般から」とブレーキをかけられたほどであった（毎日一八・一一・一二）。

### 行き過ぎ批判

翼壮側に言わせると、「行き過ぎの如く曲解され、（翼賛会）町村支部に忌避される傾向」が顕著になっていた（信毎一八・三・一三）。これに対抗すべく、十八年二月末～三月中旬、各郡市ごとに団長会議が開催された。各地の会議における翼壮側の反論をまとめると次の通りとなる。「翼賛運動が思ふやうに進展出来ない原因」は、第一に翼賛会町村支部の「低調不活発」なことである。「支部長（＝町村長）自らが活動を起していない」、「町村の指導者たるべき町村長が、依然自由主義、個人主義が抜け切れず」、非協力的で「ブレーキの役さへつとめてゐる」こと。第二に、「県、郡、市町村を通じて、翼賛会常務委員の活動が不活発」である。「知名士とか有力者を挙げたのみ」で、「各町村の翼賛会常務委員は、運動昂揚のためにその中核体として活動すべきだのに、常務委員会の開催が一回も行はれてゐない町村が多い」という。第三に「翼賛運動に熱意を示さぬ」官吏で、ことに「教学系統が翼賛運動に対して積極的な熱意をもたず独立してゐる感があり、連絡が必要である」としていた（信毎一八・三・一三、一四、一七、毎日一八・三・一九）。なお、全国的にその関係が問題となっていた翼賛政治会（翼政）については触れられていない。また、県翼壮の名誉団長である県知事との間にも摩擦が生じていた。三月三十日、県庁で県翼壮の緊急郡市団長会議がもたれ、意見開陳を求められた知事は、「行き過ぎは全くない」との見解を述べる一方、「末端の民情の機微については十分考慮して貰ひたい」と注文していた（朝日一八・三・三一）。

県翼壮は十八年四月に役員改選、新体制となるのを機に、翼賛会、翼政との鼎立状態を解消し、「翼壮主位主義で戦力結集を図るべく、その自主化と政治力確立を目指して猛運動を開始」しようとしていた。「市町村の指導階級は既に五割が翼壮団員によつて占められてゐる」が、「団員を市町村長ほか市町村会議員、各種団体幹部等の指導地位に入込ませ、さらに県会議員選挙には……必要な議員数を獲得する」、「官との関係は絶対自主方針を堅持して協力する」という。「旧勢力、反動勢力は下部組織の責任において個別的に撃砕」し、時局の要請に率先垂範する町村長を先頭に、「翼壮を中核とする町村自治一元化を推進」したいと図っていた（朝日一八・三・一九）。これはまさに翼壮による市町村政、県政奪取構想であった。

## 運動の挫折

当局、翼賛会側は、翼壮の批判を受けて、常務委員会の機能強化を模索する動きをみせていた（朝日一八・三・三一他）。翼壮運動に声援を送り、その動向を積極的に報道していた『毎日新聞』長野版は、四月二十日付紙上で、木下丈男（下伊那郡出身）県翼壮副団長・本部長が召集を受け、突如辞職したことを伝えた。

辞職した木下本部長は、昨年八月、翼壮再出発と共に県団副団長、本部長となつたもので、金属回収、供米、供木等に素晴らしい成果を挙げ、さらに蓄妾廃止等に勇敢な運動を展開、未だ旧体制の夢から醒めぬ県下上層階級に爆弾的な波紋を投じた素朴純情な熱血漢で、非翼賛的な者に対しては燃えるやうな気魄をもつて戦つた。……当時未だ混沌として去就に迷ひ勝ちだつた県下十二万青壮年層の思想動向をとにかく一本に纏《まと》め上げた功績は大きい（毎日一八・四・二〇）。

最大級の讃辞を呈し、彼の辞職を惜しんでいる。再任が約束されていたという木下本部長の応召は、間違いなく翼壮の勢力をそごうとする側からの陰謀であったろう。その後のいきさつは省略するが、中央本部との反目もあって、八月になっても県団副団長、本部長を任命できずにいた（信毎一八・八・一八）。結局、県の翼壮運動、そして翼賛会もが沈滞に追い込まれてしまったのであった（同一八・一二・一二）。翼壮の活動は続いたが、諏訪市翼壮に例をとれば、「薪炭、青果物など生活必需物資の搬出を始め、銀の回収、或は道路橋梁の修理から農耕作業の手伝ひなど、勤労奉仕の多くが翼壮を目がけて持ち込まれる」というような、青年層のいなくなった穴を埋める勤労奉仕団体に転身させられてしまったのであった（同二〇・一・二〇）。

## 翼壮運動への評価

翼壮運動に対して距離をおいていた『信濃毎日新聞』は、十八年八月三十日の社説欄で次のように振り返っている。「本県翼壮の足跡二年、成功もあつたが、不成功もあつたことは率直に認めざるを得ない」、「不成功のもの、多くは、その方法において行過ぎといはれたもの」であり、それは「全県一率一体の命令を数人の幹部の思ひつきで出す」ような、「大向ふを狙ふ」ようなもので、地道な運動とはいえなかったと。

言い渋っているかのようなこの社説と異なり、より明瞭な見解を記していたのは評論家清沢洌《きよし》（一八九〇—一九四五）の『暗黒日記』である。南安曇郡出身の清沢は東京と信州を行き来しつつ、郷里の翼壮運動（供木、国民健康保険組合、金属回収、レコード回収など）を注視し、強い嫌悪感を示していた。翼壮は、彼の言葉を使えば「右翼化した左翼」であり、長野県の翼壮運動は、当時の社会にみなぎる「革命的気運」の先端的表れであった。彼は「社会の根底に赤化的流れが動いていること」を感じ取り、戦争の深化が「革命」をもたらすことを懸念していた。彼の日記には、それまで物言わず従順であった「労働者」、「人夫」、「農民」あるいは「女中」といった下積みの人々が、そこここで自己主張を始めた種々相が書き留められている。彼はこれらの人々の待遇改善が必要なことは認めていた。だが、彼は有産者知識人として、「革命的騒擾《そうじょう》の出現」によって、長野県の翼壮運動においてあったように、有産者の築いてきた文化が容赦なく「無知」な大衆によって否定され、破壊されることをもっとも懸念していた。進行する下剋上現象、すなわち大衆社会化の中での文化的破壊をいち早く看取し、危惧していたのである。

この時代は、一部の有産者と大多数の無産者大衆との生活、文化的格差が大きかった。総力戦体制は大衆の参加、協力なしに遂行できず、戦争による生活全般への圧迫、重圧をもっとも被るのも大衆であった。その不平不満のはけ口が有産者に向けられた。翼壮の推進した戦時生活の徹底とは、有産者、指導者層に対し、率先垂範《すいはん》しての生活切り下げを迫ったものであった。「金とひま」を持つ人々から、「供出」、「回収」に乗じて所持する物を取り上げようとし、また、労働を促そうとした。有産者への大衆の反感、嫉妬、憎しみを背にして。確かにこの時期の長野県の翼壮運動は、「人に嫌はれるやうな運動」であった（信毎一八・七・一七）。その根底には、そもそも食糧も、資源も、すべての物資の調達能力が脆弱な日本経済の実力があった。経済的に戦争遂行能力の格段に劣る日本が、はるかに豊かなアメリカ合衆国と正面戦争をしていたのである。国際的にも日本は孤立していた。総力戦体制は、国民生活において、食糧も物資も、すべてを切り下げる耐乏生活を強制せざるをえず、有る部分、持てる人々からは強制的に削り取る必要もあった。耐乏生活を強いられている大衆を、「平等」、「公平」にすることで納得させなければならなかった。有産者から奪っての平準化は、全体的には戦争を遂行する国の意向に添うものであり、さらに「平等」の実現を強く求める一般大衆の総意があった。翼壮の先走った有産者攻撃がくじかれた後も、国民生活の平準化は国家政策として緩むことなく進行した。各種の供出、回収、たとえば有産者からダイヤ、白金、銀が取り上げられ、料理店での宴会禁止、畜犬献納、外で働く必要のなかった人々を動員する国民皆働も、より徹底的に行われていった。そしてそれは、ＧＨＱを背後にした戦後改革によって、たとえば小作地を取り上げた農地改革によって、総仕上げが行われたとみることができるのである。

# 敗戦の光景

# 空襲に備える日々

## 初空襲

B29による東京への空襲は、昭和十九年十一月二十四日以降本格化していった。長野県内へは同年十二月九日夜、空襲警報の発令もなく突如、上田市の小県《ちいさがた》蚕業学校に焼夷弾《しょういだん》が投下され、死傷者は出なかったものの同校が焼失した。これを報じた十一日の『信濃毎日新聞』では、上田市という地名は伏せ字となり、狙われた場所も明らかにされず、「被害は軽微に済んだ」とされ、県警察部長がもっぱら今後の心構えや対策について語っている。灯火管制《とうかかんせい》を厳重に守り、空襲警報が出ないからといって警戒を怠ることなく備えよ、また、女手だけで焼夷弾の一部を消し止めたという家の例を挙げて、あわてず迅速に行動すれば「そんなに恐るべきものでもない」と述べている。実際には焼夷弾の直撃を受けた木造の校舎は、上田市や近村から来援した消防もなすすべなくほとんど全焼したのである。十二日同紙「われ焼夷弾とかく戦へり／一発や二発女手でも／焔《ほのお》に近づいたが熱くはない」との見出しで一〇名の体験談を載せ、中には「火叩きなんか役に立たない」、「限られた水槽位ではほとんど用をなさないと思ふ」との意見も混じるが、全体的には空襲恐るるに足らずを印象づけている。

ただ、「まさか」、「この山国までは」の楽観は覆《くつがえ》され、この後各地で神経質な灯火管制が行われた。「警防団の熱心の余りか下高井地方では警戒警報が発令とともに何処《どこ》の家でも空襲管制を強制され、特に軍需の家庭内職者たちは相当に悲鳴をあげてゐる」とあり、また上田市空襲の翌日以降、下高井各町村で暗闇の中、村長、巡査が沢や川に転落するなど大小十余件の事故が発生し、その行き過ぎが指摘されている（信毎一九・一二・一八）。松本では管制の闇に乗じて靴、洗濯物、防火器具などを狙うこそ泥が出没、十二月中すでに五十余件の届け出があった（同一二・一九）。

昭和二十年二月以来、米軍機が頻々と飛来するようになると、長野署は凍ってしまった防火用水、雪に埋まった待避壕《たいひごう》などに対し、注意を喚起している（信毎二〇・二・二六）。上田市は三月中にも公共待避壕、防火貯水池の築造、水路の改修、緊急用衣類・寝具の準備などを実施すべく決定、費用は有力者の篤志寄付約一〇万円を集め、市民の勤労奉仕をあおぐ計画を立てた。市内の「申訳的な家庭待避壕はさらにがつちりしたものに造り直させ」るという（同上）。その後、寄付は一三万円に達したとあるが、同市の二〇年度予算は九八万円であるからかなりの金額である（同二〇・二・六、四・一三）。近郊の里山辺村《さとやまべ》に投弾のあった翌三月三日、松本署は農村に向けて灯火管制の徹底と、「農村だから安心だといふことは出来ない。市街地と同様各戸に待避壕を速かに設置してほしい」と要望した（同二〇・三・四）。

## 流言への警戒

三月十日未明の東京大空襲直後、県、市町村は逃れて来た罹災者に対し、各駅における弁当給与、相談所・医療救護所の設置、無縁故者の集団引き受けなど、十七、八日頃まで緊急対策に奔走した。一般県民、ことに市街地住民の場合、疎開者や罹災者が急激に増えて、食糧は大丈夫なのかという不安がもっとも大きかった。他方、警察当局が恐れたのは一般の戦意の喪失、厭戦気分の拡大であった。当局者はこの夜間無差別爆撃が、単に破壊を目的としたものではなく、国民の士気阻喪《そそう》を狙ったものとみていた。罹災者が空襲被害を「誇大」に吹聴し、地方民に厭戦気分をもたらすことを警戒したのである。県特高課次席警部は、「食糧の配給が悪くなるから買溜めをなして置くことがよい」、「敵は次には何都市を爆撃する」、「何処の工場を狙つてゐる」、「敵の投下する焼夷弾は絶対に消すことが出来ぬ」などのデマが飛びやすいと語っている（信毎二〇・三・一二）。

人々が不安感を増して神経質になり、流言が飛び交っていたことは確かである。三月二十二日付紙上で、硫黄島《いおうじま》の失陥《しっかん》が発表され（守備隊全滅は三月十七日）、沖縄本島には米軍が迫っていた。硫黄島守備隊の最高指揮官栗林忠道《くりばやしただみち》は埴科《はにしな》郡西条《にしじょう》村出身であった。県内ではその名と、彼自らが陣頭に立っているとの大本営発表があった三月初めから、彼の戦況が大きく報道されていた。三月三十一日未明、長野地方に豪雨とともに春雷が鳴り、空襲かと飛び起きた人もあった。「かうしたものが起ると、やれ雨を利用して敵機が来襲、爆弾投下したとか、初雷が早いと好景気といふから戦争は今年で終るとか、色々なデマが飛ぶので長野署ではこれを機会に造言蜚語《ぞうげんひご》の取締強化に乗り出す」という（信毎二〇・四・一）。同日の記者時評は、次のように述べる。

敵の暴爆に罹災《りさい》した人たちをはじめ、都市生活者の地方疎開は日を逐《お》つて繁《しげ》くなり、どんな山の中の部落にも大都会から引揚げて来た人たちのゐない部落は殆ど皆無となつた。ところが疎開者、特に戦災の疎開者にも、受入れの地方人にもこの疎開が戦闘行為であるといふ気持に徹してゐない者が多い……被爆の凄さ、肉親の死、着のみ着のまゝ焼出された事実などを、いまだその目に逢つてみない地方人に語りきかせるのを悪いといふのではないが、地方人をしてやゝもすれば厭戦気分に導く誇張談など、たとへ九死に一生を得た戦災者の貴重な体験といへども、戦争遂行のためには百害こそあれ一利もない（信毎二〇・四・一）。

いずれも人命に被害はなかったものの、二月十日、二十五日、三月二日と岡谷《おかや》市、松本市周辺に投弾を受け、十日の東京、十九日の名古屋の空襲から逃れてきた罹災者の体験談が加われば、県南部の人々が浮き足立つのは当然であったろう。

〝決戦信州〟を松本中心で北と南に二分して見ると、戦ふ県民の心境が随分異つてゐることが判る。B29の頻繁な侵入と戦災者転入数の遥かに多い南信地方に醸《かも》されてゐる空気は、たしかに落ちつきがなく、北信方面とは随分違ふ。具体的に挙げれば悪質デマの氾濫、経済違反の激増、家財道具類の疎開行過ぎなど、いづれも最近の諸状勢に心の動揺を抑制しかねてゐる人々の慌だしい焦燥感が各地に目立つて来た。……さき頃、気まぐれな敵の投弾で山林の一部と凍つた水田の隅に穴をあけてからの神経過敏さは殊更《ことさら》である（信毎二〇・四・四）。

「山林の一部と凍つた水田の隅に穴」とは、二月二十五日、東筑摩《ちくま》郡下二ヵ村の山林と田に爆弾が投下されたことを指している。その水田の穴とはいかなるものであったか。

田圃中へ投下の爆弾は中型のもので、深さ三メートル、幅八メートルのほぼ円形の穴をあけ、周囲一町余にわたり泥土を飛散させ、その爆風により二貫目大の石が一五〇メートル先までふきとび、民家の屋根を突き抜け炬燵《こたつ》の上に落下したが怪我《けが》人はなかった（信毎二〇・

二・二八)。

右の記事は、それゆえ壕には必ず掩蓋《えんがい》を設備せよとの趣旨で書かれたのであるが、一個でも恐ろしい威力を持つことを知らせている。爆発音についての記述はないが、この穴と音を見聞すれば「神経過敏」になってもおかしくはない。

## 家財の疎開

松本市や飯田市で、家財疎開の「行き過ぎ」に警告が発せられていた。

松本市内の家財疎開は漸《よう》く盛んとなり、連日トラック、荷牛馬車、リヤカーなどでそれ〳〵農村方面への縁故、知人先へ送り出してゐるが、その中には疎開の必要度を越え、むしろ逃避的とさへ見られるような畳、建具類をはじめ桶、バケツ、洗面器、盥《たらい》にいたるまで持ち運びしてゐるものが多く、万一の場合、全部疎開してあるからといふ安易感で滅敵の敢闘魂に弛緩《しかん》を来す虞《おそ》れがあるとし、各団体、町内会などで疎開行過ぎを非難する声が揚つてをり、市当局では一般市民に疎開精神を履き違へぬよう厳重警告を発した（信毎二〇・三・二二）。

老人、子供は避難させるにしても、それ以外の者は現地に踏みとどまって敵機と戦うための準備が、家財の疎開であるとされていた。しかも桶やバケツは防火用具のはずであった。この時節に闇運賃を支払ってトラックを調達し、大がかりな引っ越しを行えるのは当然有産者である。『信濃毎日新聞』コラムは、彼らを糾弾する。

疎開は逃避ではなく、戦闘態勢を整へるべく身軽となるためである。……さりながら、なかには漬物桶や畳までかつぎ出す全家引越的な仰山《ぎようさん》なのがあるといふのは、苦々しき限り。松本、上田などさういふのがかなりあるといふ。日本人の面よごし的な臆病ものか、物質主義の権化か、乃至《ないし》は戦争傍観者に相違あるまい。浮足だつた物腰は、周囲の人々に、好ましからぬ印象を与へ、おなじく逃避的気分に走らせる。現下なによりも重要な小運送機関を壟断《ろうだん》し、生産増強を阻害する利敵行為でもある。農村の古屋敷を買あさつたり、乃至は土蔵を買取する如きは当然指導的立場の人々である。その言動は、充分慎重でなければならぬ。わが国民は、その性格上、戦意の上るも上らぬも、およそ指導階級の垂範次第である。一部の逃避的なまた傍観的言動は、農村におもひの外の強い影響を与へてゐる。トラックや大八車に山と積まれた逃避家財を目送する農民の心理はどんなであらう。供出物資の隠匿逃避を誘致したとしても不思議ではない（信毎二〇・四・四）。

食糧という命綱を握っている農民を刺激しないよう気遣っているところは、この時期の都市の立場を反映していよう。一方では、家財を持ち出して、「住居の家は空屋同然、畳一枚に布団を敷いて『この借家はいつ焼けても好い』」というような借家人もいた（信毎二〇・四・一七）。

四月九日、全県一斉に防空訓練が実施された。しかし、長野師管区司令部参謀にいわせれば「本県の防空ぶりはなんと低調極まるものであるか」という状況で、「全県の防空強化、就中《なかんずく》六市の要塞化は四月末迄に構成、五月末には完成しなければならぬ」と督促していた。長野市長も防空準備不十分を認め、公共待避壕、貯水池等の計画の急速な実施、および住宅の間引きも必要と述べていた（信毎二〇・四・一七）。

## 防空準備の遅れ

岡谷市は製糸業から軍需工業地帯へ、急激な転換を遂げていたこともあってか、防空態勢強化への取り組みが早かった。市警防団幹部が空襲被害都市を手分けして視察、初期消火活動を阻んだとみた大邸宅の土塀、板塀を三月中に撤去することとし、まず、一六人の市議が率先取り壊したという。防空態勢整備費に五〇万円を計上しているが、資材などの入手が思うにまかせないとある（信毎二〇・三・二九、四・一七）。塀の撤去について、松本市では方針がまちまちなため大混乱がみられると、公正な処置と明確な指導方針を要求されていた。

市民のうちにはさつぱりと取払つた人もあり、一部に穴をあけたゞけのもの、全然手をつけない頑固屋等々種々雑多である。警察、市、警防団の三者間に一貫した指導基準がないのにも非難が多い。……名士や有力者の家の周囲は殆ど干渉されずにあるのに、裏長屋の小さい柵まで取払へと命令されてゐる（信毎二〇・五・一三）。

どこでも資材不足に悩まされていた。桶やバケツがない、修理したくても、手みやげを持っていかなければやってもらえない、貯水池を作ろうにもコンクリートがない、コンクリートの質が悪く漏水するなど。バケツがないので訓練に出られないという者もいた。今まで防空訓練は家にいる女性のものという感があったが、「実戦の防火活動の陣頭にはどうしても男子が立たなければならぬ」段階に至って、男性の勤め人で防空頭巾、上衣、ズボン、履物の用意ができず、出渋る者がいるという（信毎二〇・四・一一）。松本署の査察結果でも、市内は「殆んど無防備で、概して疎開者の家庭が真剣であるのに比べ、一般は低調」、「防火用水はほんの申訳け的に門口においてあり火災が発生しても、バケツ一、三杯でなくなつて終ふ有様」、「器具の備えは不充分の上破損、腐朽してゐるもの多数」であった（同二〇・五・一八）。

警戒警報が出された五月七日の長野市内は、「水槽に水を張る労を厭ひ、街頭にはしまりのない春の服装も目立つて多い。一方では警防団が先達で、公共待避壕の構築資材を汗みどろで市内へ搬入してゐるといふのに、善光寺参詣者も警報を聴いて引きかへさうとする様子もない」と報じられている（信毎二〇・五・一〇）。資材に加え、かなり労力の必要な防空壕作りは遅々としていた。以下は松本市民の投稿である。

敵機は毎日毎夜のやうに、小癪《こしやく》な爆音の唸《うな》りを立て、吾等の頭上を脅かしてゐる。……それにも拘らず市内を見渡すところ、防空壕の残骸といはうか、廃墟といはうか、崩壊のまゝの醜態はどうだ。壕の中の溜り水にはボウフラがわいてゐる。衛生にも悪い。役にも用にも立たぬ崩れた壕は忽《たちま》ち防空活動の邪魔にもなる。夜も頗《すこぶ》る危険だ（信毎二〇・五・一六）。

五月十九日、南安曇郡有明《ありあけ》村に投下された爆弾で二人が死亡している。長野市内でも防空壕は、六月下旬に至ってなお蓋もないまま雨ざらしになっていた。

いま道路や空地を利用して掘つてゐる防空壕は、もう一ケ月半も経つてゐるのにまだ出来上つてゐない。岡谷と諏訪が比較的成績よく、長野、上田、松本はまだ〳〵完成には程遠い。長野では通行人が夜幾人となくケガをし、道路が狭くて自動車のすれ違ひも大変らしい。数としてはもう半分出来上つてをり、中には掩蓋《えんがい》の上を畑に利用し、収穫時には隣組で労をねぎらはうとトン〳〵拍子のものもあるが、他の出来ない分の原因は支柱にする木材が足りないことだ。これは山嶺まで搬出にゆかねばならないが、必要とする四千石のうち既に三千石は伐り倒したが、まだ二千石しか運び出してない。輸送が問題だ。此頃某町では馬車を一台持つて行つたが、馬の前足を折つてしまつた。どうしてもまとまつた人の手が必要になつてくる。割当をうけた当初、手ぎはよく分団長と区長が連絡をとつてやつたところは、さして山の中へはいらなくても木材をひいて来て楽に造つてしまつた。後に廻つた分団のものは隣組を動員して大出しまでやつてゐる。この作業は男でなければとても出来ないが、さりとて街に男はいない（信毎二〇・六・二三）。

長野市の説明によれば、用材は伐り倒されているが、急な崖で道路まで出ておらず、「市内への搬出に職域方面の勤奉隊を動員してゐるが、予定の三、四割しか出動しない」ということであった（信毎二〇・六・二五）。男手が少なく、皆忙しかった。中心となるべき警防団員の数も足りなかった。六市警防団長並びに主任会議は、「工場その他職域に敢闘する十七歳の未加入男子全員に対し、強制的に加入を勧奨」することを決定していた（同二〇・四・二二）。

白壁への迷彩も、都市によって進捗度が異なっていた。

この頃上田市を視察したが、民家の白壁にスツカリ迷彩の行き届いてゐる徹底ぶりに感心した。長野も積極的に白壁の光をとるやう処置されたい。なほ工場の迷彩については近く全県的に将校を派遣して指導する（信毎二〇・五・二〇）。

右は長野聯隊区司令部談である。長野市では七月二十日までに白色、赤色の屋根、白壁を擬装せよとの指示が出た（信毎二〇・七・八）。工場の防空態勢整備も進んでいなかった。

たとえば擬装といっても、建物用の塗料もなかったのである（同二〇・七・一九）。

六月六日の『信濃毎日新聞』社説は、「地方防空は一本勝負」と題して、一向に進まない防空態勢への焦慮《しょうりょ》を表明し、政府による処断を要望している。人手がない、資材がないで壕も掘れない現状、建物疎開も「とかく人情にほだされ、有力者に遠慮し、行きがかりにこだはつて断行に欠ける」という。もっとも、当局がためらう理由はこの他に、建物疎開まで実施すると人心が浮足立つとの警戒感があったらしい（信毎二〇・七・一五）。社説に戻ると、敵機の狙う順は軍需工場・軍事施設、大都市、地方都市・交通機関であろうという。ドイツが降伏した今日、欧州から東アジアへ多数の航空機が投入される。政府は地方の防空を軽視する傾向があり、それゆえ地方官庁も「強力なる決断と実践」を欠く。「多くの施設疎開を受入れ、しかもいまだ無疵《むきず》の地方をこそ、敵の爆撃から護らなければならない」、「地方の小都市にあつては、一回の爆撃で全市灰燼《かいじん》に帰す」のであるから、地方の防空は焦眉《しょうび》の急である。「B29の足の長さからいへば、東京も地方も大差はない。事態こゝに到つた以上、大都市防空偏重の弊を捨て、むしろ地方の防空をこそ断乎として急速に強化する必要がある」と主張している。

## 第一次建物疎開

六月下旬、中小都市への米軍の爆撃が始まったことによって、情勢は急転回することになった。六月二十二日付『信濃毎日新聞』は、「中小都市爆撃段階へ」」、「郷土の戦場化迫る」との見出しで、死傷者数は伏せたままではあるが、大都市の大部分は既に灰燼に帰し、敵は婦女子まで抹殺せんとしていると警戒を呼びかけている。この時期、米軍機は夜間のみならず、白昼にも爆撃するようになっていた。「五日過ぎか十日先か、投弾爆撃の日が現実に時間の問題になつてみると」、県内都市の現状は「老幼者は防空活動の足手まとひになる、建物も密集してゐる、家の内外を見廻しても防火用水、待避壕の準備、防火器具の用意、防火障害物の撤去など不充分」で、東京では火を消すことなどできなかったという体験者の話に慄然《りつぜん》たる思いだったはずである。紙面では、わが郷土、わが家を護りぬくのはわれら自身の力なのであると鼓舞してはいるが……（信毎二〇・七・八）。

七月六日、県警防課は同日飛来したＢ29一機が県下一円の偵察を行った模様とし、同日午後全県下に対し厳戒の要ありと各種の指示を出した。紙面に載ってはいないが、長野市に空襲予告のビラがまかれたらしい。翌々日の報道によれば、隣組長からこの伝達を受けるころには、「今夜にもＢ29が来襲するから用心せよ」に変化したという。六日夜の長野市内は深夜まで荷造り運搬する騒ぎとなり、「家財を纏《まと》めて街路に出て情報を聞いてゐる屁《へっ》ぴり腰の姿や、徹宵《てっしょう》して近郊の農村へ蟻《あり》の行列の如くぞく〳〵退避する」人々がみられた。「相次ぐ警報にも投弾が殆どないので、県民は甘く見くびつてのんびり構へてゐるのかと思つたら、案に相違し各地に逃避的な気構へさへ見えたのは残念だ」、「家は自分のものではないし、大切なものは疎開してあるから身一つ助かればい丶」と、「大都市の戦禍をそのま丶鵜呑《うの》みにして、防火の責任と義務を捨て去ることは愚かしき限り」との県警防課の警告であった（信毎二〇・七・八）。

県は長野、松本、上田、岡谷、諏訪五市の重要施設（駅、病院、郵便局、銀行、電話局など）を防護するため、周辺建築物を取り壊す建物疎開の強制的実施を決定した。七月八日に申し渡し、九日から十五日までに立ち退き移転、十六日から三十日までの間に警防団、学徒隊、義勇隊などの手で、場合によっては軍の応援によって建物を取り壊す、立ち退き終了とともに補償金を支払うものとした。指定を受けた家は短期間のうちに行き先を探し、輸送手段を講じなければならなかった。「荷牛馬車もなければトラックもない。現在輸送の七割までは緊急面に動員されてをり、なかなか一般には廻つて来ない」状況下、自分の背で運ぶことを考えてほしいと県は要請していた（信毎二〇・七・八）。長野市の場合、「大きな商店もある関係から相当遅れてをり、地許民の協力も話にならない」と県当局者は語る。「期日までに完了するにはどうしても地許民の協力が必要で、若《も》しそれが出来なければ軍隊に推進力になつてもらふつもりだ」と脅迫していた（同二〇・七・一二）。そのせいか県下五市の建物強制疎開は、二十日までにほとんど五市とも所期の計画を達成した

（同二〇・七・二六）。

五市の建物疎開と並行して、飯田市を加えた六市の市街地から、乳幼児、妊産婦、防空活動に従事できない六五歳以上の老人、病人、身体障害者、国民学校低学年生を、七月末日までに疎開させる方針が打ち出された。なるべく県内の縁故先へ、ただし町部は避けるようにとのことであった（信毎二〇・七・一七）。市街地の人員疎開については、松本市ではかなり進んだ反面、長野市においてははかどらなかったらしい（同二〇・七・二七、二九）。

## おびえる街

結成されたばかりの義勇隊が大量動員され、「地ひゞきうつて疎開建物が倒れる。槌うつ音、トタン板の舞ひ落ちる響《ひびき》」の中で急ぎ行われた建物の取り壊しと同時に、人々の落ち着きも一気に崩れていった（信毎二〇・七・一九）。上田市では「建物強制疎開発令後、一部市民に逃避的な動揺色が見える」、「疎開荷物とともに村落に疎開して帰宅せぬ市民もある」ので、彼らを断乎配給停止処分に付し、その建物は間引き疎開することとした（同二〇・七・二六）。松本市の市街地で家財を疎開させた人々の中に、「住居が空家同然であるばかりでなく、防空活動の第一線に立たねばならぬものまでが、今夜は危い、明日が不安だと根拠もない恐怖心から、家を空けたま、近在で起居し配給物だけを取りに帰るといふ類や、工員に近郷の親戚あるひは縁故先に一家と、もに移つてそこから通勤してゐるなどのものも」あった。「とても焼夷弾なぞ消せるものでないといふやうな戦災者からの体験まじりの吹聴に浮腰となり」逃避した不心得者について、松本署は警防団と協力して町内ごとに調査し、不在住宅は間引き対象とする方針であるという（同二〇・七・一四、一九）。また、同市は人員疎開についても防空要員は許可せず、家族の疎開も隣組長、区長の印を押した申告書を市長へ提出せしめること、その他持ち出した桶、バケツなどは至急取り戻すことなどを町内会長を招集し指示した（同二〇・七・二四）。

老幼婦女子以外は、最後の最後まで消火活動に挺身しなければならないとされていた。遠かったはずの戦場が、目の前に出現しようとしていた。以下のような指摘が投書欄にある。

今日此の頃のとげ〳〵しい世相を見るにつけ、国民は〝笑ひ〟を忘れてゐるのではないか、と思ふのは私だけではないだらう。一寸《ちよつと》した事でもすぐ眼にかど立て丶角つき合ふ。そして職場にも、巷《ちまた》にも、微笑が失せて、本土決戦の重圧感におびえる姿が多いやうだ（信毎二〇・七・一六）。

七月中旬、本州へ艦砲射撃が行われるようになると、未知の音が人々をおびえさせた。茨城県日立市が艦砲射撃を被った際には「長野、新潟、山梨方面の山間の諸都市に、異常の音響が一時間に亙つて鳴り響いた」とある（信毎二〇・七・二七）。この日立市への砲撃は七月十七日の深夜のことである。

七月二十五日夜、長野地区に空襲警報が発令された。一部の者に「見苦しい逃げ腰のものあつたことは遺憾」であり、「今後、理由なく家や町をあとにして逃げ出す者には、県では処罰をもつて望む」と県警防課は語っている。諏訪市の例として、「敵機の爆音が響くや、蒲団《ふとん》類を山ほど背負ひ込み、手長《てなが》神社境内目指して百五十三段の高い石段へ殺到、中には屈強の防空要員が相当数混つてゐた」、「戦災疎開者中に概して軽率な煽動的言辞を弄する向きが多く、経験者といふ点で一般は一も二もなく雷同させられてゐた」、「隣組などの指揮者の指揮に従はぬものが相当あり、とくに疎開者や知識層に多かつた」、「灯管ならびに防空服装は大体良好だつたが、各家庭内では着流しでゐたものが相当あり、起きて来ないものさへ見受けられた」と報告されている（信毎二〇・七・二七）。

## 近づく敵

七月三十日昼ごろ、伊那谷を北上し岡谷、諏訪地方へB29一機が飛来、宣伝ビラを多数散布した。翌日の『信濃毎日新聞』は、「ビラの内容は漫画などをあしらつた他愛《たわい》もないもので、地方民の敵愾心をいよ〳〵駆り立てるために役立つ程度」と書くが、実は降伏を勧める内容であった（『長野県の太平洋戦争』8、解説）。これまで県内に五、六回にわたって「紙の爆弾」約五、六千枚がまかれたといい、その内容を物知り顔にしゃべって検挙されたもの八名（罰金刑四名、説諭四名）、ほかに教師一名が五、六名の生徒にしゃべったかどで、流言蜚語として検挙されているという（信毎二〇・八・二）。また、「長野県下の都市の爆撃はもう日が決まつてゐて、この間敵機がビラを撒いたさうだ」とのデマが、昨夜中央線で誰かがしゃべっているのを聞いたら、今日はもう小海《こうみ》線、大糸《おおいと》線、信越《しんえつ》線でしきりに言われていると女性車掌の語る記事もある。列車で「暗い話題やデマ」が運ばれていた（同上）。

空襲の危機が一段と迫っていた。近県では七月七日甲府（死者一一二七名）、九日岐阜（同八〇〇名以上）、八月一日長岡（同一四七〇名余）、二日富山（同二七〇〇名以上）、五日前橋（同五三五名）が空襲を受けている。「ちかごろ長野地区に警報が発令されてゐないとき、突如、敵機が上空を通過したり、爆音も以前より大きく聞える場合がある。それはどういふわけか、それに対する心構へ」を県警防課長に質問する体裁の記事が掲載されている。敵機の飛翔する高度は初期よりずっと下がり、「大体長野地区上空では、この頃は昼は六千米、夜は五千米で以前よりまた低くなつた。それだけ命中率もよくなつたわけだ」、本土の地形や気象その他に精通してきた敵機は装備や乗員を減らし、その分ガソリンや爆弾を積載し、去年の暮れには一トンから三トンといわれた積載量を六トンから九トンぐらいまでにしている、県南端より長野までB29は一九分で飛行するなどと警防課長は語っている（信毎二〇・七・三〇)。県下の各国民学校は、八月の一ヵ月間授業を休止することになった。七月三十一日紙上には、「最近敵はB29に合せて小型機をさかんに使用しだした」として、「敵小型機に備へよ」の記事が掲載されている(この二週間後、長野市、上田市周辺が小型機による攻撃を受けた)。「本県は比較的海岸線から遠距離にあるといふ安逸感が県民に強く、焼夷弾、爆弾に対する防空態勢は相当強化されてゐるにも拘らず、機銃《きじゆう》掃射《そうしや》に対する構へが全般的に欠けてゐる」と、それに対する防御法が解説されている(信毎二〇・七・三二)。あるいは「敵は空襲を頻繁化させる一方で、この間から『予告爆撃』なる戦術をとつてゐる」と、その心理的謀略に乗せられてはならないなど、米軍の攻撃法の解説と対策、あるいはまた空襲を被った長岡での教訓など、連日警戒を呼びかける記事が続いていた(同二〇・八・三、四、八)。

## 警戒下の生活

上田市内では「この頃一部市民中、夜間は近郊農村の疎開先へ逃避、早朝こつそり帰宅する半分逃げ腰の者も出たり、一面管制下の闇に乗ずる菜園荒しも増加」していた。市内各所に「朝帰り疎開は誰だツ」、「後を頼むと出て征つた勇士に応へて上田を護れ」など、漫画を入れた(疎開していた著名漫画家が協力)ポスターが張り出された(信毎二〇・八・五)。長野では「暗がり犯罪」が多くなっていた。特に空き巣狙いで、空襲に備えて貴重品をひとまとめにしたものを、買い出しや荷物疎開、配給品を取りに家を空けた隙に持ち去られるという（同二〇・八・五）。

また、健康管理に注意を喚起する以下の記事は、空襲警戒下の家庭生活をうかがわせている。

真夏はたゞさへ身体が衰弱するときである。加ふるに栄養が十分でなく、また代替食糧の関係から食べ慣れぬ物、不消化の物も口にするし、燃料節約で生食する場合も多く、〝勿体《もつたい》ない〟の気持から腐敗しかけた物もつひ食べる結果になり、自然消化も衰弱する。その上戦時下の常として、職場の仕事のみならず、疎開だ勤奉だと身辺雑事で身体の休まる暇もない。この点一家の主婦に於て最も甚だしい。更に悪いことに疲労回復の最良策たる「睡眠」さへ、連日連夜の防空警報で妨げられるといふ次第だ（信毎二〇・八・五）。

市街地の主婦たちは、夫や子供に弁当を持たせるため、昼は雑炊や残り物で済ませていた。遠方への買い出しが日常化し、勤労奉仕に動員されるのも街に残った主婦たちであった。心理的緊張を強いられ、体力的にも限界であった。誰もが心身ともに疲労し、衰弱し、加えて衛生環境が悪化していた。家庭菜園に施された厨芥堆肥《ちゆうかいたいひ》や糞尿《ふんにょう》、防空壕の水たまり、取り替えられない防火用水、清掃されない下水、ごみ処理や便所汲み取りの不十分は、伝染病を媒介する蠅や蚊を大発生させていた。「身じまひを忘れ、手不足や『もの』の不足を楯にとつて不精不潔な『ものぐさ』生活」に、虱《しらみ》や蚤《のみ》がわいた。石けん、医薬品が払底していた（信毎二〇・五・一九、八・六）。

## 第二次建物疎開

七月の第一次に続き、八月早々第二次建物疎開が実施されることになった。上田市では消防用・避難用道路と空地を作るため、県の認可を得た上で二日に指示、八日までに立ち退き、九日から二十日の間に義勇隊員延べ三万名を動員して取り壊す計画で、今回は中心市街地の三〇五戸が対象であった（信毎二〇・七・三〇、八・三）。上田署は官公署、会社、事務所などが夜間無人となっていることについて、それらの責任者二一名を署に呼び、宿直員の配置を勧告、もし今後も続くならば建物疎開の対象とすると厳重に警告した（同二〇・八・七）。上田検事局は住宅難に付け込み、近郊農村に「無茶な家賃相場が取沙汰されてゐる」ので、一斉取り締まりを予定していた（同二〇・八・一三）。

長野市、松本市、岡谷市でも同様な建物疎開が計画され、新たに下諏訪町で三一六戸を対象に実施することが決まった（信毎二〇・七・三一）。各市とも家中引き払って空家同然の家、一家を疎開させて独居状態の家を、建物疎開で立ち退かされ行き先のない市民への貸与を強制し、断った場合は間引きの対象とするという強硬方針で臨もうとしていた（同二〇・八・一三）。岡谷市では前回、同一居住地区民の義勇隊が撤去作業をした方が丁寧で、しかも能率的であったのに照らして、今回はできるだけ居住地区の隊員に作業をさせるとしていた（同二〇・八・三）。結局県の方針転換と終戦で、第二次疎開は途中で中止となった。松本市の場合、「一次二次に亙る家屋の強制疎開五百戸、このうち俄《にわか》に中止した、め百戸内外は助かつたが、四百戸は跡形なく取り壊されて……」とある（同二〇・八・二二）。

都市において防空対策が急速に進められ、市民が家財を運び出し、家族を疎開させる姿を眼前にして、農村部にも動揺が生じていた。上空を通過する米軍機の爆音は農村部とて同様に響いていたし、これまで農山村にも投弾があった。ある投稿者は「現下の跛《は》行《こう》的防空態勢」を改め、「農村防空態勢の強化を即時断行して欲しい」と要請する。敵が都市の前に農村を襲わぬと誰が断言できるのか。農村にも家ごとに防空壕を作り、部落単位の共同物資保管壕を設備し、人命と日用食糧を守れるようにしてこそ、農民は増産に専念できると（信毎二〇・八・四）。「農作物を作つても喰へるかどうかといつたやうな言辞を弄するものが出てきた」と、県特高課長も語っていた（同二〇・八・五）。恐怖感、絶望感、投げやりな気分は、山間部はともかく、近郊農村では都市と変わらなかったであろう。「一部には過ぎぬにしても、身近な地方中心都市の焼爆を見聞する農民に落ちつきを失はしめる傾向もうかがはれる」と、『信濃毎日新聞』社説は「農村における防空対策の徹底」を主張している。農村に「不安動揺の気持ちを与へざるやう」な方法を講じることこそ、

「食糧増産達成の要諦《ようたい》」であるという（同二〇・八・九）。食糧生産に携わる農村・農民への配慮をおろそかにはできなかった。都市と農村の力関係は逆転していた。

## 原爆の脅威

八月六日における広島市の「新型爆弾」被弾が、新聞各紙に載ったのは八日のことである。各紙は「新型爆弾」、「相当の被害」などの大活字で前日の大本営発表を一面上部に掲載した。『信濃毎日新聞』は「少数機で相当の被害」、「民衆の殺傷を狙ふ」などの見出しのもとに、軽視を許されぬ威力があり、非人道的、残忍なものであると報じている。十一日には、長崎にも九日に新型爆弾が投下され相当数の家屋の倒壊および死傷者があったことが報道されるが、「原子爆弾」という言葉が紙面に登場するのは八月十二日以降であった（読売二〇・八・一一、毎日二〇・八・一二）。

八月八日、内務省は広島の被害状況にかんがみ、防空総本部当局談として防御法を指示した。新型爆弾は「落下傘をつけて投下、地上約五、六百米で大爆音と光を発し、この爆風の威力は超大で、また非常な高熱を発し、相当広範囲に被害を及ぼす」が、敵の一機に対しても油断せず待避する、壕内に待避が有効、掩蓋のある壕を選び、ないところでは毛布、布団類をかぶる、手足などを露出しないなどに注意すれば、最少限度の被害で済むとした（信毎二〇・八・九）。防空総本部は九日、「軍服程度の衣類を着用してゐれば火傷《やけど》の心配はない」、防空頭巾や手袋を併用すれば頭や手を完全に守ることができるなど五項目を追加、さらに十一日、七項目を追加した（毎日二〇・八・一〇、一二）。ただし、放射能の危険性を指摘する項目はない。

この間の長野県当局の動向について、『長野県史』通史編には次のように叙述されている。

八月八日関東信越地区都県の情報宣伝協議会に出席した県職員は、ここで軍部の本土決戦の説明を聞いたが、広島に投下された原爆の被害の実態も知らされて動揺した。十日には大坪知事が、市長・地方事務所長会議を召集して広島の被害を公表した。十日午前三時に開かれた閣議で、ポツダム宣言受諾が決定された。右の『県史』によると、同日中に知事はその極秘情報を入手していたという。話を前に戻したい。新聞史料に照らすと、十日緊急に招集された会議の趣旨は、『県史』の記さないその先にあった。ここにおいて大坪保雄《おおつぼやすお》知事は、従来の防空態勢の百八十度転換を指令し、その内容が十一日、十二日の紙面で詳しく報道されている（ただし、公表されたという広島の被害の実態は新聞には載っていない）。建物疎開は九日から一時停止命令が出ていたとあるから、県の方針転換は前日に始まっていたとみられる（信毎二〇・八・一二）。

知事は今回の措置について、「県内都市はいまゝで爆撃を受けなかつたが、今後広島に敵が使用した爆弾を本県で使はないとは断言出来ないので」、「従来は六市とも〝守る〟ことに重点をおいて来たのであるが、これからは被害を如何にして最少限度に喰ひとめるかに重点を注ぎ、敵に〝肩すかし〟を喰はせることを考へねばならない」と語ったという。具体的には以下のような方針が出された。「新型爆弾で無意味な死傷者を出さないやうにするために、何はともあれ一日でも一時間でも早く市街地を空ツポにしたいのであるから、当然建物疎開は停止である。家が焼夷弾で燃えても仕方がない。人命が一番貴い」と第二次建物疎開を停止させ、軍需産業、重要産業、官公庁その他主要機関の従事者をごく少数残留させるほかは、六市一町（下諏訪町）の人員を原則として田舎へ疎開させる、疎開は縁故先とする、無縁故者は県が各村へ割り当てる、残留者は地下生活（集団的な横穴の整備）を考えていくという。主食はとりあえず五日分の先渡し配給、味噌は三ヵ月、醬油は二ヵ月分の繰り上げ配給を行い、さらに追加繰り上げ配給も予定するというあわただしいものであった。

この疎開が勧奨か強制かについて、「強制疎開と呼称した場合、国家が一切の世話をしなければならない。今回は県独自の防衛等であり、また余りに緊急であり、それだけの準備もなく、しかも、準備能力も不足であってどうしても、市民自らの創意と努力で疎開して貰はなければならぬので、強制疎開と呼称せず強度の勧奨による疎開とした」とある。これまでの建物疎開は市街地の一部分を対象とし、期限を定めてのものであった。今回は市全体に対し「即時実施し即時完了して貰ひたい」、「自らの創意と努力で」、つまり各自すぐに逃げよという指示であった。

新型爆弾に対する恐怖がしからしめていた。その恐るべき威力について前記会議の席上、「大体三・五キロ、約一里の半径をもつ円内が危険だ。つまり投下地点より二里以内が危険で非常に強い圧力と熱力でやられるから、余程厚く堅実な天蓋のある壕に入ることと、少しでも肉体を露出してゐると火傷をするから、うんと厚着をする必要がある。また本県の如く山に囲まれた盆地では、風圧の逃げ場がなくその威力は一層強い。しかし投下点から反対の山陰にゐると大丈夫だ。要するに、爆撃されさうな市街地から山を一つ越したところの丈夫な防空壕にゐれば大丈夫であると思ふ」との説明があった。この時点まで、県内都市は米軍の爆撃をほとんど被っていないといえる状態であった。他県都市のように焼かれていないからこそ、この次は県内、それも新型爆弾の標的になるのではないかと恐れられた。県内都市はほとんど盆地か、谷合いの地に立地している。これまで上空に少数機の通過を見送ることはしばしばあった。しかし今後は数十機、一〇〇機単位の大編隊の攻撃と同様に、たとえ一機でも、少しも侮れないというのであった。

## 緊急人員疎開

長野市は翌八月十一日朝、緊急常会を開催、さらに同日夜までに区常会、隣組常会を開いてこの趣旨を伝達、疎開者氏名と疎開先の市への報告

図10　長野空襲による被害

(十二日までに)、荷物の輸送法などを指示した(信毎二〇・八・一二)。建物疎開に動員されていた義勇隊、荷牛馬車や自動車はまず人員疎開に集中させ、この見通しがつき次第、再び建物の取り壊しを続行することになった。建物疎開は道路幅を広げるだけでなく、その古材木を利用して地下住宅建設にあてる必要があった(同二〇・八・一二)。紙面は、八月十三日に諏訪市、岡谷市、下諏訪町の人員疎開方針、十四日に上小(上田・小県《ちいさがた》)地方の疎開荷物の輸送方針を伝えている。上小地方では「このどさくさまぎれに荷牛馬車の横流れや諸賃金の昂騰を抑制するため」、義勇隊輸送隊に出動令書を交付した(同二〇・八・一三、一四)。

六市一町の「即時」人員疎開は、「強度の勧奨」によって急速に行われたらしい。「最近の荷物疎開にどこから出て来たかと思はれるほど小運搬車が賑《にぎや》かに立ち現れて、忽《たちま》ちに街々を藻抜けの殻としてしまつた」、「味噌醤油の配給が、前者は年内五ケ月分、後者も二ケ月分の先渡しとあり、平素は容器がどうの、輸送がかうのといつて、遅れ〳〵てゐたのに、いざとなると、一般をして入れ物に面喰はせるほど能率があがる」、まさに「絶体絶命のときには、意外な力が発揮される」とコラム欄は皮肉な調子であるが、原爆の恐怖に駆られた市街地の様子を伝えている（信毎二〇・八・一四）。恐らくは長野市内の光景であろう。

緊急人員疎開の行われているさなか、八月十三日午前六時過ぎ、米軍艦載機が上田市を銃撃、その後長野市に攻撃を集中、五回にわたり通算七十余機が軍事施設、交通機関と市街地の一部を攻撃、爆弾を投下し機銃掃射を行った。「山間の小都市に対するものとしては相当に執拗」な攻撃であった（信毎二〇・八・一四）。この日の死者は、長野付近で四七名、上田市で一名であった。八月十五日早朝にも米軍艦載機によって小県、北佐久地方が攻撃され、四名が死亡している。

# 敗戦直後の食糧事情——昭和二十年後半

## 食糧の不安

八月十五日のラジオ放送後の数日間、県下各地に混乱状態がみられた。国鉄の各駅には「米兵が上陸して来たら鉄道がとまる」、「一刻も早く田舎へ逃げねば」などのデマに迷った人々や、帰京しようとする疎開者が殺到した（信毎二〇・八・一八、二二）。銀行や郵便局の窓口には預貯金差し押さえの不安から、引き出そうとする人々がつめかけた（同二〇・八・二〇）。「駅の待合室、列車の中、人の集る処に」デマが乱れ飛んでいるといい、各地の警察署は流言対策に追われた（同二〇・八・一九）。

八月十六日から翌日にかけて、下高井郡下で「連合軍が新潟へ上陸して農業倉庫の封切をはじめた。早く米を処分しなければ押収されてしまふ」とのデマが広がった。真に受けた村当局が独断で受配者に米の前渡しを行ったり、村役場から今夜中に米麦を隠匿せよとの指令が出たりの騒ぎがあったという（信毎二〇・八・二二）。松本地方でも同様のことが起こっていた（同二〇・九・一〇）。一方、消費者の間では「来月からお米の配給は一粒もないさうだ」とささやかれていた。県食糧営団は、決して心配はないと「太鼓判を捺し、巷の心配を力強く打消し」たと載っている（同二〇・八・一九）。

図11　軽井沢駅の進駐軍

社会全体にとって、もっとも大きな不安要素は食糧問題であった。農民が敗戦に「がつかりして仕事が手につかない」で、稲や甘藷の中耕、除草を等閑《なおざり》に付しているなどが一部にみられ、「増産に励んでも、供出しても、所詮《しょせん》四ケ国に没収されるのだから努力する要なし」などの農民の生産、供出意欲の低下が懸念されていた。満州国からの雑穀輸入が杜絶《とぜつ》し、朝鮮・台湾の喪失によって外米の移入なしとなれば、内地で自給自足するしかない。労力は復員等で過剰になるであろうが、肥料生産の急速な改善は望めず、需要面は占領軍用も加わって増加するはずである。であるのに農民が「自棄的に増産も供出もしないとなれば」、日本国民は「飢餓に瀕し、滅亡してゆくよりほかはない」、祖国の運命、「国体護持」は、今や「新日本再建の尖兵」である農村・農民の肩にかかっていると、「農民の新使命」が説かれている。今までは戦争完遂という明確な目標があって強制的な供出も可能であったが、今後、「納得づくで農民の同胞愛に基く増産供出」をいかに推進すべきかは難問であった（信毎二〇・八・二二）。

　八月は麦や馬鈴薯の供出期であるが、早速影響が出始めていた。「去年の例からゆくと八月十五日頃には馬鈴薯も麦も殆ど供出完了をみたものだが、今年は気候の遅れや、あの空襲騒ぎや、急な人員疎開等の関係からいまだ完了に到らぬ」、麦も馬鈴薯も「現在行つてゐる食糧綜合配給の中へ計画され、米の一部として織りこまれてゐるから、供出されればただちに一般受配者へ配給するやう操作されてゐるから、供出して貰はないとこの配給に支障を来す」、「農家はこのことをよく理解され、大きな同胞愛のもとに、割当量だけは市町村に定めてある期日までに、ぜひ供出して頂きたい」と県食糧課長は語っていた（信毎二〇・八・二六）。八月二十七日には、大坪知事が農民に食糧供出を要請する談話を発表、翌日、東久邇宮《ひがしくにのみや》稔彦《なるひこ》首相も記者団との会見で「今までのやうに権力、威力を以つて農家を強圧し、いや／＼供出させることがあつてはいけないと思ふ。また農家自身も時局を考へて、自ら進んで供出するやうにしなければいけないと思ふ」と語った（同二〇・八・三〇）。還元配給を受けている農家の食糧事情が窮迫していた。供出期にあった麦、馬鈴薯は自家用に留保され、供出成績は低調であった。麦の供出成績は九月末までに七〇％とある（同二〇・一〇・一二）。

## 米の供出問題

九月十七日に西日本に大きな被害をもたらした枕崎台風が、翌日午前、県下一帯で吹き荒れ、りんごの落果や稲の倒伏をみた。当初、主食配給一割減は七月（大都市は八月）から十月までのはずで、新米が出回る十一月には二合三勺に戻るのではないかと期待されていた。この期待は、台風被害によって二合三勺へ回復の見込みなしとの千石興太郎《せんごくこうたろう》農相談で、早々に打ち砕かれた（信毎二〇・一〇・二）。十月五、六日、長野県下は豪雨に見舞われ、主に千曲川、天竜川流域で田畑が流出した。さらに九日以降二回目の豪雨があり、梓川《あずさ》、女鳥羽《めとば》川流域が被害を受け、十二日には犀《さい》川の堤防が決壊し、収穫目前の甘藷畑が水につかった。十月下旬、県の二十年産米は大正二年以来という大凶作になることが明らかとなった（同二〇・一〇・二二）。全国的にも春以来の低温と日照不足、夏以後の台風、そして累年の肥料不足で大減収となった（『日本食糧政策史の研究』三）。県の平年の反収二石三、四斗台が、この年は一石七斗台であったという（小林論文）。一方で消費人口は、兵士の復員、徴用者の帰県、疎開者で大幅に増加していた。

二合三勺へ復帰の望みは断たれ、甘藷も水害のため三分の一近くが無駄になったとされ、冬は刻々と迫っていた。

そのうえ、「政府や指導者層乃至農業会等の官僚的態度に対し抱いてゐた不信が、戦争といふ重圧がなくなつたために、一時に頭を持ち上げて」、農民の供出意欲が大きく減退していた（毎日二〇・一〇・三〇）。

農村全般を通じ政府売渡を或る程度にとゞめ、村内で十分保有し赤字農家を始め村内の需給に不安なからしめようとの意見が強く、特に還元配給問題からもう信頼はおけぬこり〴〵だと当局に対する不信は大きなものがあり、農民もこの意見を支持し町村当局へ要望してゐる。実際に供出を完了しても大した特典なく、かへって今迄の例から見て未完了村が、何等の制裁を受けることなく有利であつたし、四勺程度の還元配給ではやつて行けなかつたこと等が、供出意欲を低下し農村をしてかゝる方策をとらせるに至つた基因で、町村側では農民の納得のできる施策を一日も早く樹立し、供出に拍車をかけるべきで、従来の如き地方事務所の督励は通用しないと強調してゐる（信毎二〇・一〇・一）。

「戦時における如き天降り割当並に追加割当等を強要する」方法をとることは、もはや不可能であった（毎日二〇・一〇・三〇）。農林省は米の横流しは強力に取り締まるとする一方で、「納得供出」を掲げ、㈠米だけでは目標量を確保できない場合、屑米、麦類、雑穀などでの代替供出を認め、㈡部落責任供出制を改め、市町村から部落を通じ各個人に対して割り当てる、㈢買い上げ価格を大幅に引き上げるなどの供出促進策を講じた（『日本食糧政策史の研究』三）。

米の供出問題は、「農民及び金力を以て一切を解決し得る能力を持つ一部階級のものを除けば、供出の成否は直ちに国民的な栄養失調、極度の飢餓、そしてやがては餓死につらなる問題であるだけに、切実なる大衆的関心をあつめて」いた（毎日二〇・一〇・三〇）。「（十月）十日行はれた長野市の配給にも、いま、で綜合配給の埒外《らちがい》にあつた小豆《あずき》さへ混り、米は二割から三割をやつと保つてゐる有様で、これからさき新米が本格的に出廻る十一月中旬頃までの真の端境期は、この率さへも維持できるかどうか心配だといふ」と、かろうじて二合一勺を確保していた。麦や甘藷の供出不振で補助食糧を配給できず、北佐久郡下では一時しのぎに南瓜《かぼちゃ》を特配する町村があった（信毎二〇・一〇・一二）。その後、県下の主食配給は早場米の供出でどうやらつないだが、十一月には雑穀が底をついた。米の消費を先延ばしするために必要な混入物がなくなってしまったのである。十一月下旬から米と麦だけの配給となり、さらに十二月下旬には米だけの配給となるのは確実で、明年六、七月頃には雑穀のみの配給となろうとの予測であった（同二〇・一二・一）。

## 消費者の抗議

食糧をめぐって、県下中小都市と周辺農村の溝が深まっていた。都市の側は「食糧不足を繞《めぐ》つて米、麦、甘藷、蔬菜類の闇取引は物凄い高値で公然と売買され、既に農家は闇売りを当然のことゝし、このため農村の伝統的な相互扶助のうるはしい美風まで全くすたれ去つたといつても過言ではない。……部落の隣組や親戚知人に物資をわけるより、見ず知らずの他人へ売る方が高値で売れるといふ顰蹙《ひんしゅく》すべき傾向が強く」と指摘し、その「打算的個人主義」を非難する（信毎二〇・一〇・一九）。「農家の人心の荒廃」、「農村民の道義心低下」、「農村の淳風《じゅんぷう》が地におち農民が純朴さを失ひつ、ある」と、農村、農民をなじる言葉が紙面に頻出している。十月十二日の犀川《さいがわ》決壊で泥の海となった「長野市周辺の村々の稀有《けう》の水災を目して『闇をやった天罰だ』と称する市民」があったという（同二〇・一〇・一四）。『信濃毎日新聞』コラムも、「既に戦争中も、買出しに行つたらその外套《がいとう》を脱げ、地下足袋をよこせばで、いまの百姓はまるで追はぎだ」、「闇値を野放図もなく釣上げ、あまつさへ供出を頭下しに拒否して、敗戦生活の重圧下、職なく家なく暗澹《あんたん》たる都市民をさらに飢餓に追ひやる如き」農民の所業に恨みを吐露している（同二〇・一〇・三〇）。

十一月に入ると同紙上に「〝信州〟は飢ゑてゐる」、「〝餓死〟一歩前の県民／大部分が栄養失調症」、「どうにもならぬ〝食糧事情〟」、「生きる道なし俸給生活者」などの見出しが続く（同二〇・一一・二、五、一二、二五）。同紙社説は次のように述べる。

食糧を持つ者すなはち農業生産者に対する、持たざる者すなはち消費者、なかんづく都会地の消費者の憎悪、怨嗟《えんさ》の感情は、少くとも「恐しい」と形容するに足りるものがあらう。何時か仇《あだ》はとつてやるとか、軒先で首を縊《くく》つてやるとかいふのは未だしも、もつと極端なことが、今や平然と口にされてゐる状態だ。これに対し、農家側にも、むろん云ひ分はある。戦争で食物がなくなつてこそ、同胞愛に訴へるだの、協力を求めるだのと金切り声や、猫なで声で呼びかけるが、その昔、たとへば昭和初頭の農業恐慌時、あり余つて始末に困つた農産物を、足もとを見透して、さらに安く買ひ叩き、背負ひ切れぬ借金にあへぐ農家を冷然と蔑視してゐたのは、一体誰だつた、さらに、現に農業者の購入物資のほとんどすべてに、これまた法外な闇値を要求してゐるのが、さういふ消費者の一部ではないか、いはゞ身から出たサビではないか、といふわけだが、まことに然りといふのほかはない。しかしながら、それだけでは到底消費者を納得せしめ得ないのが眼前の農家の庭先商法であり、闇価格である。採算がどうの、経営がどうのは、すでに過去のことで、とれるだけの価格を要求してゐるとしか思へない。……このまゝで行けば、ひとり消費者のみならず、農村もまた恐るべき破局に遭遇する。もつと端的にいへば、往年の米騒動の二の舞をも演じかねないといふ警戒の声は、現に農村の中にも台頭してゐる（信毎二〇・一一・一〇）次の投稿は、主婦の涙ながらの訴えである。

私は一下級会社員の妻です。食ひ盛りの五人の子供をかゝへ、このところ毎日どうして食つて行くかその心配で夜も眠れません。まつたく餓死一歩前まで追ひこまれてゐるといつても決してうそではありません。買ひ出しのため、僅《わず》かばかり、しかも血の出るやうな貯金も残り少なくなり、箪笥《たんす》も空になりました。ところが農家の方は買ひ出しの度「何を持つて来たか」、「家では金では差上げません」といふつめたい挨拶です。そして生きんがため箪笥の底から着物をもつて行くと、銘仙《めいせん》の袷《あわせ》一枚でお米ならば一升、麦なら二升……もうものをいふ元気もなくなり、たゞ涙がこみあげてくるのみです（信毎二〇・一一・二四）。

農家に認められた保有米の量についても、妬ましさが表明されている。『信濃毎日新聞』コラムはいう。

供出を順調ならしむるためには、農村に保有米を残さねばならぬとあり、その量は一人年一石見当（長野県の場合）だ。即ち一日白米のみで二合八勺、これに雑穀、諸などを合せれば、四合や五合にはなるであらう。これだけ優先的に残さねば、雑穀、諸を大量に綜合しての都市民二合一勺分が確保できない。然して、それですらも年間の賄ひには充分でなく、モシ外米手当が出来ぬならば、来年の六、七月には、何やら判らぬ粉食と、草や根でも喰はなくては、生きてゆけないとの見透しである。かくて農村は保有米で保証されたが、都市は、どん底生活が、大きな口をあけて待ちかまへてゐる。この都市と農村の明暗（信毎二〇・一一・一三）。

米の供出が励行されるか否かに、消費者は目を光らせていた。諏訪地方へは、供出前をねらって、県外から様々な物資が米との交換を条件に持ち込まれているという。

静岡県下から塩と茶をリユツクサツクに一杯詰めた一隊数名から成る婦人隊商が、後から後からと繰り込み、漬物時季を扣《ひか》へて塩不足に悩む農家と塩一升に米二升見当で交換、茶も亦《また》可なり静岡側に有利な割合で主食と取替へられてゐる……（信毎二〇・一一・二四）。

新米出回り期となり、このような闇売り、横流しが目立っていた。長野地裁検事局は、配給制度維持のため、売る側買う側は両成敗で、警察を督励して厳重に取り締まると語っている（信毎二〇・一一・二四）。

## 農家の言い分

農村側からの反論も活発であった。

①農家が自家の食糧まで減らして供出した物資が、営団や配給所、農業会の連中が、勝手に家へ持ち帰つたり、横流しをしてゐる。この事実を徹底的に摘発

して、不正職員を退陣させるべし。②供出期には、色々と奨励法に就て約束はするが、供出が終つても一向に実行されない。昨年末九〇％以上供出に対する特別奨励金はどこへ行つたか。③自家の保有量まで供出させて、割当完遂と褒められたのはよいが、不足分を還元する時には、一日一人当り四勺か八勺の米しか配給しない。つまり農家は騙《だま》されたのだ。以上の三点について、当局が我々の納得の行く説明をしない限り、我々として供出を拒絶しようと考へてゐる（信毎二〇・一〇・三一）。

農村の食糧供出意欲を阻む原因は色々ある。還元配給の不合理、供出価格の安過ぎること、物々交換に拠らざれば必要な品物が手に入らぬ事等々。更にモウ二ツの原因がこれに加へられる。即ち其一ツは「供出」といふ熟語が戦争中なら兎も角、敗戦といふ厳然たる事実の前に、しかも農民に限つて課せられる言葉だ。これが農民の気分を腐らせる。なぜなら、他の料理店や旅館等々多数の業者は、物資難を良い事にして、眼に余る闇値段で懐《ふとこ》ろを肥《こや》しても、これに対しては何等の「供出」も無いではないか。其二ツは、終戦時のドサクサ紛れにやつた軍関係の物資の行衛《ゆくえ》不明事件だ。……汗水たらした「勝つため」の供出物資が、彼等少数横暴な軍関係者、それも上級将校達の手に依つて勝手に処分され隠匿《いんとく》され行衛不明にされた事実に対し、多数農民は心中憤怒に堪《た》へないでゐる。かうした数々の供出隘路を是正し、不正を剔抉《てっけつ》しない限り、農村の食糧供出が%を上げる事は断じて出来ない。県や郡の関係役人諸君は全体どんな考へを持つてゐるのか、敢《あえ》て借問《しやもん》したい（同二〇・一一・六）。

食糧危機の来襲を全部農民の責任であるかのごとき主張には納得が行かぬ。いまの食糧危機は輸入を待たずして絶対に解決し得ないことは周知の事実ではないか。とすれば、農民に対する責任呼ばはりよりも、政府に対して何故輸入出来ないのか、またマ司令部との交渉がどの程度に進んでゐるのか、許されないとすれば、難点はどこにあるか、この点をハツキリさせ善処することが第一ではないか。たゞいたづらに農民をのゝしつたり、暴動を暗示するかの如き議論を無責任に飛ばしても解決しない（同二〇・一一・一六）。

ここにいわれている輸入について、十月末には可能性が出て来ていた（朝日二〇・一一・二）。発表されたのは十一月二十四日であった。

**俸給生活者**　主食配給の基準量が二合一勺となって以来、米の問題に人々の関心が集中していた。政府は十一月二十日より青果物並鮮魚介類統制規則を廃止し、公定価格を撤廃した。自由価格制によって野菜や魚類の出回りを促し、不足する主食を補おうとの意図があった。しかし、統制の枠がはずされると、「公然と明るみにさらけ出された闇価格が大手を振つて狂奔してゐるだけで、期待した品物は一向に出廻らず」との結果に終わった（信毎二〇・一二・三）。前年冬に比べて野菜価格が数倍ないしそれ以上となり、越冬用野菜の準備を迫られている俸給生活者家庭への脅威となっていた（同二〇・一二・一〇）。燃料も入手難であった。「今年の燃料事情は食糧事情以上に逼迫してゐる」と報道されている（同二〇・一一・二八）。

「未曾有の食糧難と天井知らずの諸物価に押しひしがれ」、「最もみじめな生活に呻吟《しんぎん》してゐるのは銀行・会社員、教師などの月給取をはじめ、工員やバスの運転手などの日給生活者」であると、収入が物価に比べあまりに少なく、物々交換すべき「もの」の持ち合わせもない彼らの生活が紹介されている。記事によれば国民学校教員の平均月収は一〇〇円内外、このほか一年に俸給一ヵ月分の賞与があるにすぎないという。長野市某国民学校訓導はいう。「昔から信州の教育者は物質にこだはらぬことを自負して来たし、教育は天職であり、俸給を頂けることを感謝するやう躾《しつ》けられても来た。現在でも我々は倒れて後やむの気概を失つてはゐないが、為政者がそれをよいことにして我々の窮境を見ないふりして来たことは怪しからぬ。今度二円五十銭の増俸を行ふといふが、我々の生活が喪《うしな》はれようといふ時にこれだけの増俸が何の足しになるか、却つて我々は手ひどい侮辱を感じるばかりだ」と。毎月の生活費は収入の三倍になるという。「教職にあるため、闇や買出しを出来るだけ避けたいと自重してゐるが、そのために結局何もかも後手になり、いつも高いものを押付けられてゐる実情なのだ。同僚の大部分は仕方なく親兄弟のスネを嚙《かじ》つて凌《しの》ぎをつけてゐる」と語る。同じ記事に載っている銀行員、運転手などは貯金を引き出し、着物を売ったりで糊口《ここう》をしのいでおり、厳寒期を控えて十分な冬越しの手配ができない窮状を訴えている（信毎二〇・一二・一〇）。

十二月二日付『信濃毎日新聞』社説が「即時二合三勺に復帰せよ」と主張するなど、穀類、いも、野菜も次第になくなる冬を迎えて、主食増配の願いは切なるものがあった。米の供出状況は依然不振が続いていた。全国でみると十二月十日現在、割り当て量の一一％、前年同期二六％の半分以下であった。「か丶る全般的な供出不振によつて各地の主要小都市の消費事情は著しく悪化し、部分的飢餓状態をすら現出し、特に北海道、京浜、京阪神などが危機的様相」を呈していた。松村謙三《まつむらけんぞう》農相は「若《も》しも政府が予期するやうに供米をみない場合は強制手段をとるか」との問いに対し、「かやうに苦しい事態を弁《わきま》へず、同胞の飢餓を坐視するやうな社会悪に対しては、断乎たる措置を講じなければならない」と答えていた（信毎二〇・一二・二六）。政府は翌二十一年二月十七日、食糧緊急措置令によって強権発動への道を開いた。長野県内の供出状況は十二月二十七日現在五〇％、前年末は七一％であった（同二〇・一二・二八）。

## 小作料問題

　戦前は食糧の二〇％は台湾・朝鮮から供給されていた。戦後これがなくなり、輸入もＧＨＱの許可を受けなければならないとすれば、食糧自給率を高めることが必須であった。農地制度改革は、絶対的な食糧不足を理由に要請されていった。昭和二十年産米が大凶作となることが明らかとなって、小作側からまず出されたのが小作料減免要求である。「小作料を減免せよ」と題した投書者はいう。

　米穀の割当供出量については、これが国家の要請であるとすれば、我々はたとへ歯を喰ひしばつても完遂しやうと覚悟してゐる。……ところが、この供出完遂に大きな障害となつてゐるものがある。それは小作料が実状に沿はぬ程高すぎることだ。……割当を一〇〇％に果すために、農家は経済的に大きな犠牲を払つてゐる。だからせめて減収分だけでも減免してもらはねばならぬと、切に希望してゐる（信毎二〇・一〇・二八）。

　小作料金納化要求も強まっていた。松筑地方事務所（松本市、東筑摩郡を管轄）が供出割り当てにつき、十月下旬から管下町村長、農業会長、村民代表らと懇談した際、各町村の要望事項として「小作料は今迄物納であつたが、このため小作人は年間保有が不可能だつた。今後金納を認めよ」が出され、「小作料納入をめぐつて、地主と小作人の対立は次第に顕著となり、町村長も強い保有米確保の要求には手がつけられないと、積極的な施策に対する関心を喪失した形だ」という（信毎二〇・一一・九）。下高井郡長丘《ながおか》村村長は地方事務所との会議で、「年間保有が出来ない小作農家に対しては、小作料を金納にして年間米を持たせる様に制度を改めて欲しい。でないと増産意欲は益々低下し、惰農が増加する」と発言している（同二〇・一一・一六）。ここでいわれている「金納」とは、現物を基礎として時価で換算する「代金納」を指していた。後に農地改革の一環として行われたもの、すなわち一反歩何円という定額金納小作料とは異なる。

長野県下は元来耕地が狭く、田と畑の面積比は昭和十九年において四五対五五で、畑の方が多かった。田の五〇％近く、畑は三三％程度が小作地であった。零細な農家が多く、農家一戸当たり平均耕作面積は八反、田では平均三反六畝である。自作農家は全農家数の二七％、それ以外は小作農（二四％）か自作兼小作であった（小林論文）。

昭和二十年、三反六畝の田で反当たり一石八斗の米を収穫したとして、六石五斗弱の収量である。農家は前述のとおり、年間保有米を一人一石は保持したいと願っていた。家族五人とすれば五石である。自作農であれば一石五斗供出可能であるが、小作農の場合、物納小作料として半分を差し引かれれば、到底飯米が足りるわけがない。

小作料の代金納化は、二十年産米から実施され始めていたらしい。「食糧難から、小作料を納めれば通年保有のない小作人は、自己の保有米を得るために代金納にしやうといふ傾向が強く現れてきてをり、成るべく割り当数量へ持つてゆかうとする町村の役場や農業会が代金納を阻止してゐるが、或程度は代金納に変つてきてゐる」との報道がある（信毎二〇・一一・二二）。長野県のような飯米にも事欠く零細小作農の多いところで、全面的に金納にすれば供出米が減ってしまうと、供米を担当する県食糧課では「今度だけは出来るなら従来通りの小作慣行で行つて貰ひたいと念じてゐる」といい、農地制度改革を担当する農政課では金納制が「生産農家に大きな光明をもたらさうとしてゐるものであるから、供米に多少の悪影響ありといふ理由のみで反対するのはあたらないと信ずる」と見解が分かれ、「県当局も、その是非を俄《にわ》かに決定することができず苦慮」していた（同二〇・一二・二六）。

小作農は供出完遂のためという理由で小作料減免を要求し、小作料金納化も供米に及ぼす影響という観点から、その是非が論議されていた。地主側の農地返還強要や所有権移動などの動きも多くなっていた。たとえば「食糧の窮迫と復員帰農によつて、松筑地方の農村には最近耕地返還の要求が昂《たか》まり、小作人と地主との対立が深刻化」し、松本区裁判所に持ち込まれた訴訟事件は終戦後二十余件あるという。地主側は「食糧不足を補ふため今秋からでもよいから自作したいと速急に土地の返還を迫つてをり」、小作人側は「一ケ年の予告期間を経なければ法律的適用を受けられないこと、食糧の増産は急場しのぎに素人の耕作は不能で、勿論供出は望めない」と反論していた（信毎二〇・一一・一〇）。ここでも小作側の拠りどころは、供出能力の有無であった。

## 小作地の解放

「土地制度の改革」と題して、『信濃毎日新聞』社説は次のように述べる。

今や民主々義的思潮は勃然《ぼつぜん》として起りつつあり……土地問題の解決なくして農村対策はないわけであり、この土地制度における封建的遺制を克服して土地再分配をはかり、戦時中の農民の努力に報い、「よりよき生活」、「よりよき農業」の営まれるべき根本的施策が要望されるのである（信毎二〇・一〇・二九）。

十一月二十二日に閣議決定をみた農地制度改革案は、地主の土地所有の限界を五町歩（全国平均）と決定し、十二月四日、農地調整法改正案として衆議院に上程された。県内で強制買い上げの対象となるのは三町歩以上といわれていたが、そのような地主は極めて少ないため、農地再分配についての長野県農民の関心はまだ高くなかった。十二月九日、GHQが徹底した農民の解放を指令した後、地主的立場に立つ議員の抵抗で停滞していた審議が加速、十二月十八日、農地調整法改正案が成立した。

GHQは農民の封建的桎梏《しっこく》からの解放こそ民主主義育成の基礎であるとし、不在地主の一掃、非耕作地主の土地買い上げなどの徹底的な土地改革を求めていた。当時、大方の議論は、目前の食糧不足解消＝供出促進に依拠することの大きい農地改革推進論であった。

つまり、供米を促進するか阻害するかで争われていた。一部地主は、農地改革は供出を阻害するとして反対していた（信毎二〇・一二・一二）。

生産者補給金として石三十七円五十銭しか入手出来ぬのが、自作として九十二円五十銭の代金を受取り得ることは、何としても生産意欲を振起するものといはねばならず、……自作農化による生産能率の向上は、当然生産増、供出増を結果すると常識的に考へて至当であらう（信毎二〇・一二・一八）

右の『信濃毎日新聞』社説は、収穫量の半分を収奪する地主制が供米の障害となっているとし、小作地の解放、自作農化が農民の増産、供出意欲の高揚に寄与するという論拠に立った農地改革推進論であり、食糧難の現実の中で説得力をもっていた。農地解放に期待する小作農を、供出促進に期待する消費者が支持する形となっていた。

最後に、戦闘終了後も続いた被害、ことに食糧不足に起因する惨害の一端を書き添えておきたい。

## 「敗戦の年」

昭和二十年は犯罪、なかでも食糧の窃盗事件が多発した年であった。「軍の復員、失業者の氾濫、広がるヤケクソな風潮、道義の荒廃、衣食住、就中《なかんずく》食糧事情の未曾有の逼迫等々犯罪の素因は巷に山積」し、「かくて〝敗戦の年〟昭和二十年は、また〝犯罪の年〟でもあった」と総括して、県刑事課による十月末現在の統計が紹介されている。県下の十月末までの犯罪発生総件数は一万一四九件、種類別では窃盗が七割弱の六九一七件と圧倒的で、詐欺五三九件、横領二五五件などと続いていた。八月十五日以後、犯罪発生件数は約一・七倍に増加し、窃盗については約二・三倍に急増した。窃盗の対象は現金より物、それも食糧（米、いも類、りんご、野菜など）の盗まれる事件が多かった（信毎二〇・一二・二八）。市街地付近は野荒らし被害が多く、「最近農村では野荒しにおびえて大根や漬菜を早取りしてゐる」とあり、その実際の発生件数は申告数の三倍以上であろうという（同二〇・一一・一四）。犯罪に対する検挙率も低下した。一般犯罪検挙率が、以前の八一％から敗戦後は六五％に低下し、特に盗犯は六一％であった。生活難による警察の士気低下、人権への配慮要求、科学捜査技術の不振が原因とされている（信毎二〇・一二・一八）。

昭和二十年は伝染病――赤痢、腸チフス、パラチフス、ジフテリア、猩紅《しょうこう》熱、流行性脳脊髄膜炎、天然痘――が、爆発的に発生した年でもあった。県健民衛生課によると、一月から十一月二日までのこれら伝染病の発症者は六八四九名、うち死亡者七二四名、現在患者数は二二二二名であるという。発症者は昭和十八年三二四九名、十九年三九八二名と増加し続けていたが、「昭和元年統計始まつて以来の悲しむべき記録」であった。赤痢がもっとも多く、発症者三二一二名（うち死亡者四〇六名）、ジフテリア一六七八名（同一六四名）、腸チフス一二七七名（同一二三名）の順で、天然痘、赤痢、パラチフス、腸チフスは死亡率が高かった。初発患者の六割は疎開者、罹災者であるという。患者は農村に多く、死亡者は四、五歳までの乳幼児が全体の二〇％を占め、次いで老人という。農村に多数の疎開者が入り込み、買い出しなどで感染機会が増したこと、農村の非衛生的生活習慣、医薬品不足、食糧不足による抵抗力低下などの要因が挙げられている（信毎二〇・八・三〇、一一・九）。

県下一帯に蚤、虱、蠅、蚊が大発生し、伝染病を媒介していた。人々を苦しめたのはそれだけでなく、以下のような報告もある。

真夏ならともかく爽涼の秋になつても、まだあせもの治らぬ幼児、おできだらけの手足をした子供、繃帯《ほうたい》を巻いた男女などを例年になく街頭で見かける。これは蚊や蚤に刺されたあとの掻《か》き傷から化膿したり、吹出ものが出たりするのだが、薬品の不足でなか〳〵治癒しないのだ（信毎二〇・九・一九）。

薬品だけでなく、栄養不足にもよるものであろう。上田市、中野町、伊那町など都市部で、死亡率の上昇が伝えられている。上田市内各層家庭平均の栄養摂取量は一日約一三六五カロリー、低いものは九〇〇カロリーであり、医師に配給された医薬品は戦前需要量の五・五％にすぎないという。市内の結核患者は前年の三倍余りに増加していた（信毎二〇・一〇・一八他）。

とりわけ死亡率が上昇したのは乳幼児であった。松本市では保健婦たちが「乳幼児の体力低下は甚だしく、このため死亡率も飛躍的に上昇」していると、GHQ宛に食糧増配の陳情書を提出することになったという。生後満一歳児の標準体重九キロのところ、七・九キロでしかなく、特に人工栄養児は牛乳、練乳不足で六・三キロしかないとある（信毎二〇・一一・一二）。同じく松本市で、十一月末の調査によれば、一歳未満の乳児約二〇〇〇名中、母乳不足が四月よりも一〇ポイント増加して四五％になった。市厚生課は母乳不足の乳児へと、牛乳の優先配給に努力していた。

> この八、九月ころまで、優先配給圏外の母親までが窓口に殺到して切符を争ふ傾向はあつても、切符を辞退するものなど一人もなかつたのに、最近は一合三十銭の牛乳はとても与へきれないと、切符をもらつても牛乳を買はないものが増加の一方にあるので、家庭の実情を調査して半額若くは一部分を市費で補助してゐる（信毎二〇・一二・二六）。

母親の栄養不足による母乳の減少、それを補う牛乳を買おうにも高すぎて手が出ない状況を伝えている。必ずしも応召留守家庭ではなく、俸給生活者家庭で非常に多くなっているという。「栄養不良で抵抗力を失ひ、極度に脆弱化してゐる乳幼児のこの冬越しには、全く思ひやられるものが多い」と右の記事は結んでいる。

# 平等社会の追求――エピローグ

## 「同甘共苦」

総力戦体制は国民全員の戦争への参加・協力を必須としていた。社会の下層におかれていた多数の農民や労働者、本来国民の正式な構成員と考えられていなかった女性、さらに「少国民」として子供も、労働力提供その他様々な役割を担って銃後を支えなければならなかった。戦時経済下、農産物価格の上昇、小作料の引き下げ、労働者の待遇改善などにより、農民や労働者の経済的、社会的地位は向上した。たとえば、労働者は「職工」から「産業戦士」と呼ばれるようになり、彼らを卑賤視する階層的職業観は薄れていった。

他方、軍需生産絶対優先の戦時経済において、消費財生産部門が極度に圧縮され、国民生活は不自由を忍ばねばならなかった。前線で戦っている兵士たちとの「同甘共苦」が求められていた。戦争に勝つためにと、人々は「個人」や「家庭」の豊かな生活への願い、生活向上への夢を断たれ、消費の自由などの「自由」を大幅に制限された。食糧や物資の不足、肉体的労苦、種々の不自由という極限の耐乏生活の不平不満を抑え、国民の一致協力を引き出す代償は「平等」の実現であった。すべての階層、すべての地域が同じように乏しさを徹底的に分かち合い、労苦や不自由を公平に負担し合うことが、銃後社会の和を保つ前提とされた。

## 階層差と地域差

戦時の社会、経済事情は、それまでの階層的、地域的格差を改めて人々の眼前に浮かび上がらせることとなった。一般人の入手できない食糧や物資を、資力と商人との深い縁故で調達する有産者。人の移動、疎開によって知らされた中央と地方、都市と農村の生活格差。米軍の空襲に備える危機下においても、階層差、地域差が問題となった。耐乏生活が極まれば極まるほど、わずかな不公平にも人々は神経質に反応し、犠牲の均霑《きんてん》を要求した。階層的、地域的下位者の異議申し立てが行われ、上位者に下方修正を求めてやまず、下位者への施策を要請した。豊かな個人生活、家庭生活を断念し、「自由」を遠慮する代価として、「平等」への要求が異常に高まった時代であった。

総力戦下国民の結束を保つため、当局もこうした大衆の総意に配慮せざるをえず、不平等感払拭に動かざるをえなかった。一般大衆の平等志向は、時に当局も制御不可能なほどに強力であった。配給制度への移行は、公平な分配を要求する大衆の意向に添うものであった。

## 平等への加速

破綻に向かう戦時経済は国民生活を一層切り下げ、その平準化を加速した。「有閑」者の存在を許さず、「皆働」を強要した。ことに昭和十九年、二十年は、戦争という巨大な津波が社会の隅々、社会の底辺をも浚《さら》った時期であった。戦争は昭和十二年には始まっていたのであるが、戦場から遠かった銃後の人々が、子供を含め真に戦争を体験したのはこの期間であった。

敗戦直後の食糧危機の中へ、階層対立、地域対立は持ち越されていった。農村における地主対小作人、農村と周辺都市の対立は尖鋭化し、農村では徹底した農地改革が促されることとなったのである。

# あとがき

この本は、山室建徳編『日本の時代史25　大日本帝国の崩壊』（吉川弘文館、二〇〇四年）に収めた拙稿「決戦下国民生活の変容」を核に、書き直したものである。編者の山室氏から「総力戦を支えた人々」とのテーマをいただいたとき、「地方バージョンで書いてみたい」とお答えした。銃後の食糧難、疎開などを語るとき、大都市側の視点に偏りすぎているとの不満を感じていたためである。その際、長野県を舞台にしてみようとまでは決めていた。生まれ育った土地であり、私の中に蓄積された情報量が多いこともあるが、何といっても、豊富な刊行史料や質の高い関連論文の利用が期待できるからである。それらの成果を出発点にできればありがたい。しかし、何を中心史料に据えて描くかを長い間決めかね、迷っていた。したがって、折にふれ訪ねていた上田市立図書館で『日録・長野県の太平洋戦争』全九巻に出会ったときはうれしかった。ここには昭和十六年十二月一日から昭和二十年十二月三十一日までの新聞各紙が、約六〇〇〇頁にまとめられている。長野県内の記事を中心に、全国紙、地方紙が一日当たり二〜八頁ほど収録されている。早速、昭和十七年、昭和二十年の一ヵ月ずつ、試みに記事を拾ってみた。断片的な情報が多いものの、案に相違して使えそうだと思ったのが始まりであった。

新聞史料は、まずその量の膨大さが十分な活用を妨げてきた。数紙の毎日の記事に目を通し、書き抜く作業は容易ではない。その点、この史料集によって自宅の机の上での作業が可能になった。企画された出版社、編集に携わった方々に感謝の意を表したい。

次に、戦時下の厳しい言論統制、そして日本の戦果を誇張していた「大本営発表」のイメージによって、当時の新聞が真実を報道していないと思い込まれてきたことも、利用の進まなかった理由であろう。

確かに戦時下の紙面では、戦意を喪失させるとの配慮によって、大きな災害や事故については、伏せられたり、扱い方が甚だしく小さかったりする。空襲を受けた都市名が報道されても、死傷者数、家屋の焼失・倒壊戸数は発表されていない。軍関係施設に関する情報は、当然ながら一切触れられない。地方紙社会面には、各種の供出（米、藁工品、木炭など）、勤労奉仕、軍関係学校への志願など、国家政策の要求に積極的に応える市町村、団体、個人の模範例や美談があふれんばかりである。各地、各員の奮闘ぶりを伝え、目標達成を競わせている。そのような記事は、しばしば脚色された気配を漂わせており、慎重な取り扱いが必要である。

ただ、実際に紙面を読んでみると、思っていた以上に社会事象が報道されていた。美談記事も、その背後にある事情を読み取ることが可能であるし、何気なく書かれた一文に当時の社会や、人々の生活意識を知ることもできる。多少歯切れの悪さはあるが、社説、時評、投書欄は有用である。特に地方版、地方紙は、全国版、中央紙よりも、人々の生活に密着した具体的な記事が多い。

戦時下を回想した個人の手記は大量にあるが、一方で、忘れ去られたことも多い。記憶違い、時間の錯誤がありがちである。個人の日記はその辺の信頼度は高いが、社会相を知ろうとするとき、新聞は個人が書いたものより複眼的であり、社会全体を見渡せる利点がある。また、戦時下の県庁以下の行政文書は、昭和二十年八月十五日以後、かなり焼却処分されている。長野県下においても同様である。その分、新聞史料の価値は高まる。

「決戦下」とその直後が苦難の時代であったということは誰もが承知している。新聞記事をたどる作業によって改めて確認したのは、それが同時に変革の時代であり、その根底に人々の平等志向があったことである。このときの助走と、加速があって、戦後改革の跳躍があった。そのダイナミズムは、私を引き付けてやまない。この時代の新聞は頁数こそ少ないものの、新鮮な驚きに満ちていた。読者の方々に私の驚きを少しでも共有していただきたいと思ったため、記事の引用が長くなってしまった。短期間ではあるが、推移を慎重に見定めなければならない時代なのである。「激動の時代」などという一言ですませてほしくはない。変動、変化を強調したが、一方で現在と同じではないかと思う事柄もある。たとえば、日本社会の集団行動原理とか、外圧頼みの組織構造とかである。こうしたことは、数十年程度では変わらないものなのであろう。

今回は二、三の視角から切り込んでみただけである。実際の社会相はもっと複雑であり、まだ見えていないものが多いはずである。触角を磨き、新たな史料の山に分け入らねばならないと思っている。

二〇〇七年九月

著　者

# 参考文献

『日録・長野県の太平洋戦争』全九巻（新聞復刻資料集成）郷土出版社　一九九五年・一九九六年
長野県史刊行会『長野県史通史編』第九巻近代三　一九九〇年
長野県史刊行会『長野県史近代史料編』第八巻（一）一九八七年
長野県教育史刊行会『長野県教育史』第一五巻史料編九　一九八〇年
新津新生『上田小県地方に空襲があった』増補改訂版　上田小県近現代史研究会　二〇〇五年
『千曲』第九五号（特集号　戦時中の体験）一九九七年
小林英一「戦時下の長野県の小作地率」『信濃』第三九巻第九号　一九八七年
食糧庁『日本食糧政策史の研究』第三巻　一九五一年
翼賛運動史刊行会『翼賛国民運動史』上下　一九五四年（一九九八年復刻　ゆまに書房）
『暮しの手帖』第九六号（特集・戦争中の暮しの記録）暮しの手帖社　一九六八年
女たちの現在を問う会『銃後史ノート』復刊五号（通刊八号）（特集　戦場化する銃後）一九八三年
下川耿史編『昭和・平成家庭史年表』河出書房新社　一九九七年
清沢洌『暗黒日記』1〜3（ちくま学芸文庫）筑摩書房　二〇〇二年
山室建徳編『日本の時代史25　大日本帝国の崩壊』吉川弘文館　二〇〇四年
早川紀代編『戦争・暴力と女性2　軍国の女たち』吉川弘文館　二〇〇五年

玉真之介「戦時食糧問題と農産物配給統制」、大鎌邦雄「戦時統制政策と農村社会」、野本京子「都市生活者の食生活・食糧問題」（野田公夫編『戦後日本の食料・農業・農村　第一巻　戦時体制期』農林統計協会　二〇〇三年）
坂根嘉弘「戦時期日本における農地作付統制政策の運用実態――長野県の事例――」『史学研究』二四七　二〇〇五年
石川尚子「学童疎開における食の実態と学童の健康状態」（『全集　日本の食文化　第十一巻　非常の食』雄山閣　一九九九年）
加瀬和俊「戦時経済と労働者・農民」（『岩波講座アジア・太平洋戦争2　戦争の政治学』岩波書店二〇〇五年）
板垣邦子「農村主婦層における家庭雑誌の受容――昭和一〇年代から戦後へ――」（『メディア史研究』第一九号　二〇〇五年）

## 著者紹介

一九五〇年、長野県に生まれる
一九七七年、お茶の水女子大学大学院人文科学研究科修了
現在、山形県立米沢女子短期大学非常勤講師

主要著書・論文
『昭和戦前・戦中期の農村生活―雑誌『家の光』にみる―』(三嶺書房、一九九二年)
「決戦下国民生活の変容」(山室建徳編『日本の時代史25　大日本帝国の崩壊』吉川弘文館、二〇〇四年)
「総力戦体制と日常生活　農村」(早川紀代編『戦争・暴力と女性2　軍国の女たち』吉川弘文館、二〇〇五年)

歴史文化ライブラリー
247

**日米決戦下の格差と平等**
銃後信州の食糧・疎開

二〇〇八年(平成二十)一月一日　第一刷発行

著　者　板《いた》垣《がき》邦《くに》子《こ》
発行者　前田求恭
発行所　株式会社　吉川弘文館
東京都文京区本郷七丁目二番八号
郵便番号一一三―〇〇三三
電話〇三―三八一三―九一五一〈代表〉
振替口座〇〇一〇〇―五―二四四
http://www.yoshikawa-k.co.jp/
印刷＝株式会社　平文社
製本＝ナショナル製本協同組合
装幀＝マルプデザイン

歴史文化ライブラリー

1996.10

## 刊行のことば

現今の日本および国際社会は、さまざまな面で大変動の時代を迎えておりますが、近づきつつある二十一世紀は人類史の到達点として、物質的な繁栄のみならず文化や自然・社会環境を謳歌できる平和な社会でなければなりません。しかしながら高度成長・技術革新にともなう急激な変貌は「自己本位な刹那主義」の風潮を生みだし、先人が築いてきた歴史や文化に学ぶ余裕もなく、いまだ明るい人類の将来が展望できていないようにも見えます。このような状況を踏まえ、よりよい二十一世紀社会を築くために、人類誕生から現在に至る「人類の遺産・教訓」としてのあらゆる分野の歴史と文化を「歴史文化ライブラリー」として刊行することといたしました。

小社は、安政四年（一八五七）の創業以来、一貫して歴史学を中心とした専門出版社として書籍を刊行しつづけてまいりました。その経験を生かし、学問成果にもとづいた本叢書を刊行し社会的要請に応えて行きたいと考えております。

現代は、マスメディアが発達した高度情報化社会といわれますが、私どもはあくまでも活字を主体とした出版こそ、ものの本質を考える基礎と信じ、本叢書をとおして社会に訴えてまいりたいと思います。これから生まれでる一冊一冊が、それぞれの読者を知的冒険の旅へと誘い、希望に満ちた人類の未来を構築する糧となれば幸いです。

吉川弘文館

〈オンデマンド版〉
# 日米決戦下の格差と平等
銃後信州の食糧・疎開

On Demand
歴史文化ライブラリー
247

2019年（令和元）9月1日　発行

著　者　板《いた》垣《がき》邦《くに》子《こ》
発行者　吉川道郎
発行所　株式会社　吉川弘文館
〒113-0033　東京都文京区本郷7丁目2番8号
TEL　03-3813-9151〈代表〉
URL　http://www.yoshikawa-k.co.jp/

印刷・製本　大日本印刷株式会社
装　幀　清水良洋・宮崎萌美

板垣邦子（1950～）

ISBN978-4-642-75647-1